中国普通高校创新能力监测报告

2019

中华人民共和国教育部
中华人民共和国科学技术部 编

科学技术文献出版社
SCIENTIFIC AND TECHNICAL DOCUMENTATION PRESS
·北京·

图书在版编目（CIP）数据

中国普通高校创新能力监测报告. 2019 / 中华人民共和国教育部，中华人民共和国科学技术部编. —北京：科学技术文献出版社，2019.12
ISBN 978-7-5189-6285-3

Ⅰ.①中…　Ⅱ.①中…　②中…　Ⅲ.①高等学校—科研管理—研究报告—中国—2019
Ⅳ.①G644

中国版本图书馆 CIP 数据核字（2019）第 264439 号

中国普通高校创新能力监测报告2019

策划编辑：李　蕊　　责任编辑：张　红　　责任校对：文　浩　　责任出版：张志平

出 版 者　科学技术文献出版社
地　　址　北京市复兴路15号　邮编 100038
编 务 部　(010) 58882938，58882087 (传真)
发 行 部　(010) 58882868，58882870 (传真)
邮 购 部　(010) 58882873
官方网址　www.stdp.com.cn
发 行 者　科学技术文献出版社发行　全国各地新华书店经销
印 刷 者　北京时尚印佳彩色印刷有限公司
版　　次　2019 年 12 月第 1 版　2019 年 12 月第 1 次印刷
开　　本　889×1194　1/16
字　　数　144千
印　　张　9.25
书　　号　ISBN 978-7-5189-6285-3
定　　价　78.00元

中国普通高校创新能力监测报告2019

编辑委员会及编辑人员

前 言

创新是引领发展的第一动力，是中国建设现代化经济体系、实现高质量发展的战略支撑和根本要求。按照党的十九大报告，《国家创新驱动发展战略纲要》提出了3个阶段的目标：到2020年进入创新型国家行列，有力支撑全面建成小康社会目标的实现；到2030年跻身创新型国家前列，为建成经济强国和共同富裕社会奠定坚实基础；到2050年建成世界科技创新强国，为我国建成富强民主文明和谐的社会主义现代化国家、实现中华民族伟大复兴中国梦提供强大支撑。

近年来，为深入贯彻落实中共中央 国务院《关于深化科技体制改革加快国家创新体系建设的意见》（中发〔2012〕6号）的相关要求，科技部、国家统计局会同有关部门加快推进国家创新调查制度工作，积极开展创新活动统计调查，持续发布创新能力监测和评价报告，准确研判中国创新型国家建设进程，深入分析国家创新体系中各创新主体的创新活动特征，为实施创新驱动发展战略提供决策支撑。

高校是源头创新的主力军之一，是国家创新体系的重要组成部分。高校创新能力监测是国家创新调查制度工作的重要内容之一。2016年，教育部科技司会同科技部战略规划司（原创新发展司）、中国教育科学研究院、中国科学技术发展战略研究院联合开展了全国普通高校创新调查，首次获得了一批反映当前普通高校与企业联合培养人才、参与产学研合作、科技成果扩散与转化等状况的数据。2018年，4家单位联合开展了第三轮全国调查，在原有基础上进一步扩大调查范围，丰富调查内容，对截至2017年年底的数据进行了调查。最终，有2194所高校、14 315名高校教师，以及

22 201名本科生和17 556名研究生参与了此次调查。

本报告以2008—2017年全国普通高校统计数据为基础（主要来源于《中国科技统计年鉴》《中国教育统计年鉴》《中国教育经费统计年鉴》《高等学校科技统计资料汇编》），结合2017年度高校创新调查数据、OECD统计数据及Elsevier公司的SciVal数据库，从高校基本情况、创新人才培养、高校研发投入、科技成果及转化、国际交流与合作、高校产学研合作创新、高校教师参与创新情况、高校学生参与创新情况8个方面反映全国普通高校的创新状况，并着重体现高校在以企业为核心的创新体系中发挥的作用。

本报告分为上、下两篇。上篇为统计篇，包括5个部分，梳理了2008—2017年反映普通高校创新能力整体发展状况的总体数据。下篇为调查篇，包括3个部分：第一部分基于高校创新信息采集报表数据，重点反映2017年度高校产学研合作创新状况；第二部分基于高校教师创新情况调查数据，反映2017年度高校教师在创新人才培养、多元合作创新、科技成果转化与扩散等方面的情况；第三部分基于高校学生创新情况调查数据，反映2017年度高校研究生和本科生在创新活动、创新环境、创新能力提升及创新成果产出方面的情况。

高校创新能力监测既是一项长期的系统性、基础性工作，又是一项起步不久的工作，难免存在很多疏漏和偏差，今后随着全国科技统计工作和创新调查工作的进一步深入发展，将不断调整和完善。

《中国普通高校创新能力监测报告2019》

编辑委员会

二〇一九年七月

目 录
Contents

普通高校创新能力监测框架

中国拥有世界上在校生规模最大的高等教育系统。2017年，全国共有普通高等学校2631所（其中研究生培养机构578所），普通高等教育本专科在校生2753.6万人，研究生在校生260.8万人，教职工244.3万人。普通高校是国家创新体系的重要组成部分，在创新型人才培养、知识创新与传播、产学研合作等方面都发挥着独特的作用。

创新驱动实质上是人才驱动，人才是经济社会发展的第一资源。高校作为科技创新体系的重要组成部分，不仅聚集了一大批优秀的科技创新人员，而且作为培养创新人才的重要阵地，源源不断地为整个创新体系输送新鲜血液。2017年，中共中央《关于深化人才发展体制机制改革的意见》提出，要改进人才培养支持机制，其中特别提出要创新人才教育培养模式，尤其是突出经济社会发展需求导向，建立高校学科专业、类型、层次和区域布局动态调整机制。注重人才创新意识和创新能力培养，探索建立以创新创业为导向的人才培养机制，完善产学研用结合的协同育人模式。

根据高校在整个国家创新体系中的定位及高校自身的职能特征，全面监测普通高校创新能力，需要兼顾人才培养、科学研究和社会服务等多个方面的发展状况。结合往年工作经验及多次专家研讨结果，本着指标涉及面尽量广泛的原则，高校创新调查监测报告分两大部分，共8个维度（一级指标）建立监测框架。

（一）统计部分监测框架

第一部分为统计部分监测框架（表0–1），共有5个一级指标，数据主要来源于各类公开的统计数据。

1. 高校基本情况

高校基本情况主要是指普通高校创新载体和人员的数量，包括高校数量、高校R&D机构数量、专任教师数量与结构等方面。

2. 创新人才培养

创新人才是创新发展的根本。人才培养是高校三大职能之一，同时，高校在国家创新体系中也肩负着培养和输送创新型人才的重要使命。这个维度主要包括普通高校专科、本科、研究生在校生总数，理工农医类专科、本科、研究生在校生数，参与课题研究的在校研究生数量及占比等方面。

3. 高校研发投入

人力和经费投入及重要科研平台建设是高校开展研发活动的基础与保障。这个维度主要包括R&D人员数量与结构、R&D人员类型、R&D经费内部支出、R&D经费内部支出类型、R&D经费来源等，以及国家级科研平台的有关情况。

4. 科技成果及转化

科技成果是科技创新活动的结晶，科技成果转化为现实生产力是创新驱动发展的本质要求。这一维度主要包括科研成果、科研成果转化与扩散等方面。

5. 国际交流与合作

国际合作是当前科技创新发展的大势所趋，通过国际合作能够提升科技创新的数量、质量及影响。这个维度主要包括国际合作课题、国际合作人员和经费投入，以及国际学术交流等方面。

在高校创新能力监测指标体系中，部分二级指标做了不同类型、不同学科、不同层次、不同地区、不同国家的比较，相关数据主要来源于公开的统计数据及数据库。

表0–1　普通高校创新能力监测指标体系（统计部分）

一级指标	二级指标
1. 高校基本情况	1.1 普通高校数量（所）
	1.2 普通高校R&D机构数量（个）
	1.3 专任教师数量（万人）
	1.4 专任教师拥有高级职称占比（%）
	1.5 专任教师拥有博士学位占比（%）
	1.6 女性专任教师占比（%）
2. 创新人才培养	2.1 专科在校生人数（万人）
	2.2 理工农医专科在校生人数（万人）
	2.3 本科在校生人数（万人）
	2.4 理工农医本科在校生人数（万人）
	2.5 研究生在校生人数（万人）
	2.6 理工农医研究生在校生人数（万人）
	2.7 参与课题研究的在校研究生数量（万人）
	2.8 参与课题研究的在校研究生占比（%）
3. 高校研发投入	3.1 R&D人员（万人）
	3.2 R&D人员占全国的比例（%）
	3.3 女性R&D人员占比（%）
	3.4 硕博学位R&D人员占比（%）
	3.5 R&D人员全时当量（万人年）
	3.6 R&D人员全时当量占全国的比例（%）
	3.7 R&D经费内部支出（亿元）
	3.8 R&D经费内部支出占全国比重（%）
	3.9 R&D人员人均经费（万元）
	3.10–1 基础研究占R&D经费内部支出比例（%）
	3.10–2 应用研究占R&D经费内部支出比例（%）
	3.10–3 试验发展占R&D经费内部支出比例（%）
	3.11–1 R&D经费内部支出中来源于政府资金的比例（%）
	3.11–2 R&D经费内部支出中来源于企业资金的比例（%）
	3.11–3 R&D经费内部支出中来源于国外资金的比例（%）
	3.11–4 R&D经费内部支出中来源于其他资金的比例（%）
	3.12 R&D课题经费（亿元）

续表

一级指标	二级指标
4. 科技成果及转化	4.1 科技论文数量（万篇）
	4.2 科技论文数量占全国的比例（%）
	4.3 SCI论文数量（万篇）
	4.4 SCI论文数量占全国的比例（%）
	4.5 专利申请数量（万件）
	4.6 专利申请数量占全国的比例（%）
	4.7 发明专利申请数量占全国的比例（%）
	4.8 发明专利申请数量占专利申请数的比例（%）
	4.9 专利授权数量（万件）
	4.10 专利授权数量占全国的比例（%）
	4.11 发明专利授权数量占全国的比例（%）
	4.12 发明专利授权数量占专利授权数的比例（%）
	4.13 技术市场成交合同数量（万项）
	4.14 技术市场成交合同数量占全国的比例（%）
	4.15 技术市场成交合同金额（亿元）
	4.16 技术市场成交合同金额占全国的比例（%）
	4.17 专利所有权转让及许可数量（项）
	4.18 专利所有权转让及许可收入（亿元）
	4.19 企业委托R&D课题数（万项）
	4.20 企业委托R&D课题经费（亿元）
	4.21 参与企业委托R&D课题人员数量（万人年）
5. 国际交流与合作	5.1 与国外合作的R&D课题数（项）
	5.2 与国外合作的R&D课题数占比（%）
	5.3 与国外合作的R&D课题人员投入数（人年）
	5.4 与国外合作的R&D课题人员投入占比（%）
	5.5 与国外合作的R&D课题经费投入数（亿元）
	5.6 与国外合作的R&D课题经费投入占比（%）
	5.7 国际合作研究派遣（人次）
	5.8 国际合作研究接受（人次）
	5.9 国际学术会议出席人员（人次）
	5.10 国际学术会议交流论文（篇）
	5.11 国际学术会议特邀报告（篇）
	5.12 国际学术会议主办（次）

（二）调查部分监测框架

第二部分为调查部分监测框架（表0–2），共有3个维度，包括高校产学研合作创新、高校教师参与创新情况及高校学生参与创新情况。数据主要来源于2018年度普通高校创新调查数据。

1. 高校产学研合作创新

随着高校功能从人才培育、科学研究到社会服务的延伸，高等教育、科技、经济一体化的趋势越来越强。产学研合作是企业、科研院所和高等学校之间的合作，其实质是促进技术创新所需各种生产要素的有效组合。该维度的指标内容主要包括产学研合作培养人才、产学研合作开展科研、产学研合作进行科研成果转化与扩散等方面。数据来源于2018年度高校创新调查中使用“普通高校创新信息采集报表”采集的学校层面数据。

2. 高校教师参与创新情况

高校教师既参与科技创新活动，同时又承担着创新人才培养的任务，是高校创新活动的主力，同时也是科教融合的重要媒介。该维度的指标内容主要包括教师对教学、科研和社会服务活动的投入，对教学科研关系的态度，吸纳本科生、研究生参与科研的情况，教师个人承担横向课题的情况，与企事业单位合作培养学生的情况，与企事业单位合作开展科研的情况及个人科技创新成果转化情况等。数据来源于2018年度高校创新调查中使用“普通本科高校教师创新情况调查问卷”采集的人员层面数据。

3. 高校学生参与创新情况

通过“科教融合”吸纳学生参与科技创新活动，已经成为高校培养创新人才的重要途径。学生，特别是研究生，在高校科研创新活动中扮演着越来越重要的角色。该维度的指标内容主要包括学生发表学术期刊、学术会议论文情况，学生参加省部级及以上大赛获奖情况，学生参与校企合作工作的情况，学生对教师工作中科教融合的看法，学生参与科研课题情况，学生参与创新创业教育情况及学生参与产学研合作情况等。数据来源于2018年度高校创新调查中使用“普通本科高校学生创新情况调查问卷”采集的人员层面数据。

表0-2　普通高校创新能力监测指标体系（调查部分）

一级指标	指标内容
高校产学研合作创新	去企业就业的毕业生情况
	校企共建基地情况
	校企合作教学情况
	创新创业教育情况
	专任教师实践经历情况
	校聘兼职教师情况
	学校服务企业情况
	校企合作申报纵向科研项目情况
	校企合作科研情况
	参与创新战略联盟情况
	企业委托科研项目情况
	学校专门设置技术转化机构情况
	学校专门设置技术转化网站情况
	科技成果转化情况
高校教师参与创新情况	对科研、教学和社会服务工作的投入
	对教学科研关系的态度
	吸纳本科生、研究生参与科研项目的情况
	承担横向课题的情况
	跨学科合作科研情况
	提升高校教师科研创新能力的因素
	创新成果转化情况
高校学生参与创新情况	本科生、研究生发表学术期刊、学术会议论文的情况
	本科生、研究生参加省部级及以上大赛及获奖情况
	本科生、研究生申请专利与获得专利授权情况
	本科生完成软件开发设计和改进试验情况
	本科生、研究生综合能力提升情况
	本科生、研究生对教师科教融合育人的看法
	本科生、研究生参与科研课题情况
	本科生、研究生接受创新创业教育情况
	本科生、研究生参与产学研合作活动情况
	学校创新人才培养氛围
	学校开展科技创新的基础条件

中国普通高校创新能力监测报告2019

统计篇

上 篇

一、高校基本情况

监测结果显示，2017年全国拥有普通高校2631所，其中本科高校1243所，高职专科学校1388所；R&D机构14 971个。全国拥有普通高校专任教师163.3万人，其中拥有高级职称的专任教师占42.8%，拥有博士学位的专任教师占24.4%，女性专任教师占49.8%。

表1–1　普通高校基本情况（2008—2017年）

指标	2008年	2009年	2010年	2011年	2012年	2013年	2014年	2015年	2016年	2017年
1.1普通高校数量（所）	2263	2305	2358	2409	2442	2491	2529	2560	2596	2631
其中：本科	1079	1090	1112	1129	1145	1170	1202	1219	1237	1243
高职专科	1184	1215	1246	1280	1297	1321	1327	1341	1359	1388
中央所属	111	111	111	111	113	113	113	118	118	119
地方所属	1514	1538	1573	1602	1623	1661	1689	1708	1737	1766
民办	638	656	674	696	706	717	727	734	741	746
1.2 普通高校R&D机构数量（个）	5159	6082	7833	8630	9225	9842	10 632	11 732	13 062	14 971
1.3 专任教师数量（万人）	123.7	129.5	134.3	139.3	144.0	149.7	153.5	157.3	160.2	163.3
1.4 专任教师拥有高级职称占比（%）	38.1	38.5	39.1	39.8	40.4	41.0	41.5	41.9	42.2	42.8
1.5 专任教师拥有博士学位占比（%）	12.3	13.6	14.9	16.3	17.7	19.1	20.4	21.5	22.9	24.4
1.6 女性专任教师占比（%）	45.6	46.0	46.5	46.9	47.3	47.7	48.1	48.6	49.2	49.8

表1-2　分地区普通高校基本情况（2017年）

单位：所

地区	普通高校总数	其中：中央部门	本科院校	高职专科院校
北　京	92	38	67	25
天　津	57	3	30	27
河　北	121	4	61	60
山　西	80	0	33	47
内蒙古	53	0	17	36
辽　宁	115	5	64	51
吉　林	62	2	37	25
黑龙江	81	3	39	42
上　海	64	10	38	26
江　苏	167	10	77	90
浙　江	107	2	59	48
安　徽	119	2	45	74
福　建	89	2	37	52
江　西	100	0	43	57
山　东	145	3	67	78
河　南	134	1	55	79
湖　北	129	8	68	61
湖　南	124	3	51	73
广　东	151	5	64	87
广　西	74	0	36	38
海　南	19	0	7	12
重　庆	65	2	25	40
四　川	109	6	51	58
贵　州	70	0	29	41
云　南	77	1	32	45
西　藏	7	0	4	3
陕　西	93	6	55	38
甘　肃	49	2	22	27
青　海	12	0	4	8
宁　夏	19	1	8	11
新　疆	47	0	18	29

表1–3　分地区普通高校专任教师情况（2017年）

地区	专任教师数量（人）	专任教师拥有高级职称占比（%）	专任教师拥有硕士学位占比（%）	专任教师拥有博士学位占比（%）
北　京	69 715	63.6	24.1	62.0
天　津	31 060	48.1	34.4	35.2
河　北	72 890	44.4	38.3	16.2
山　西	40 971	33.0	39.4	15.1
内蒙古	26 408	42.8	36.1	13.5
辽　宁	63 157	46.5	37.4	25.6
吉　林	40 097	49.2	39.1	25.5
黑龙江	46 278	50.9	37.1	25.7
上　海	43 484	51.2	30.3	52.7
江　苏	112 888	48.3	33.0	33.3
浙　江	62 357	45.6	34.6	32.1
安　徽	60 429	36.2	43.5	17.1
福　建	45 398	42.0	36.1	24.6
江　西	56 519	35.3	33.0	13.9
山　东	110 807	39.0	35.9	21.0
河　南	108 449	34.0	39.7	15.2
湖　北	83 507	46.7	35.4	28.3
湖　南	70 249	40.3	34.3	18.7
广　东	104 381	40.6	36.3	25.6
广　西	43 246	37.7	46.6	13.6
海　南	9602	41.7	40.4	14.9
重　庆	41 708	40.6	40.6	22.4
四　川	83 949	37.6	38.6	18.6
贵　州	35 072	41.1	35.9	12.2
云　南	39 271	38.0	36.9	14.5
西　藏	2484	42.0	52.3	9.9
陕　西	66 930	42.9	38.5	29.0
甘　肃	28 474	44.5	37.7	15.1
青　海	4671	49.2	27.6	13.0
宁　夏	8196	45.7	38.0	14.7
新　疆	20 601	35.8	41.0	14.0

二、创新人才培养

监测结果显示，2017年，中国普通高校拥有专科在校生1105.0万人，其中理工农医633.4万人；本科在校生1648.6万人，其中理工农医814.3万人；研究生在校生260.8万人，其中理工农医162.9万人。在设有理工农医类教学专业的高校中，参与课题研究的在校研究生达67.0万人，占在校研究生总数的41.1%。

表2-1　普通高校人才培养状况（2008—2017年）

指标	2008年	2009年	2010年	2011年	2012年	2013年	2014年	2015年	2016年	2017年
2.1 专科在校生人数（万人）	916.8	964.8	966.2	958.9	964.2	973.6	1006.6	1048.6	1082.9	1105.0
2.2 理工农医专科在校生人数（万人）	470.0	502.2	506.2	544.9	553.5	564.0	587.7	614.2	615.0	633.4
2.3 本科在校生人数（万人）	1104.2	1179.9	1265.6	1349.7	1427.1	1494.4	1541.1	1576.7	1613.0	1648.6
2.4 理工农医本科在校生人数（万人）	561.1	596.4	635.7	674.1	708.8	735.3	757.4	775.2	794.8	814.3
2.5 研究生在校生人数（万人）	123.1	135.1	148.3	158.8	167.9	175.0	182.3	188.6	195.5	260.8
2.6 理工农医研究生在校生人数（万人）	75.9	77.1	79.6	95.7	101.0	105.7	111.4	115.4	119.8	162.9
2.7 参与课题研究的在校研究生数量（万人）*	30.1	38.7	43.9	46.2	51.3	55.0	57.7	60.3	63.3	67.0
2.8 参与课题研究的在校研究生占比（%）*	39.7	50.2	55.2	48.3	50.8	52.0	51.8	52.3	52.8	41.1

*：仅包括设有理工农医类教学专业的高校。

表2-2　分地区普通高校人才培养（2017年）

单位：万人

地区	专科在校生数量	本科在校生数量	研究生在校生数量
北　京	7.8	51.5	37.7
天　津	17.3	34.2	7.2
河　北	53.3	73.6	5.2
山　西	27.5	48.8	3.8
内蒙古	19.6	25.2	2.7
辽　宁	27.9	70.2	12.2
吉　林	16.5	47.9	7.2
黑龙江	21.6	51.8	8.0
上　海	13.9	37.6	19.5
江　苏	67.1	109.7	22.0
浙　江	38.6	61.6	8.9
安　徽	49.8	64.9	6.6
福　建	25.4	49.7	5.7
江　西	51.8	53.1	4.0
山　东	97.9	103.7	11.6
河　南	92.8	107.7	5.3
湖　北	53.8	86.3	18.4
湖　南	57.0	70.3	9.9
广　东	82.0	110.6	12.0
广　西	41.0	45.7	3.5
海　南	7.5	11.0	0.8
重　庆	29.3	45.4	7.3
四　川	63.5	86.5	12.3
贵　州	31.1	31.7	2.2
云　南	29.2	41.4	4.5
西　藏	1.1	2.4	0.2
陕　西	39.9	67.1	14.6
甘　肃	17.4	29.3	3.9
青　海	2.9	3.8	0.5
宁　夏	4.3	7.9	0.6
新　疆	16.6	18.0	2.5

三、高校研发投入

监测结果显示，2017年中国普通高校拥有R&D人员91.4万人，占全国R&D人员的14.7%；女性R&D人员占43.0%，硕博学位R&D人员占71.2%。普通高校R&D人员全时当量38.2万人年，占全国R&D人员全时当量的9.5%；其中，基础研究中投入18.1万人年，应用研究中投入18.3万人年，试验发展中投入1.9万人年。在设有理工农医类教学专业的高校中，参与课题研究的在校研究生数量达67.0万人。

2017年，全国普通高校R&D经费内部支出1266.0亿元，占全国R&D经费内部支出的7.2%，R&D人员人均经费13.9万元。在普通高校R&D经费内部支出中，基础研究占42.0%；应用研究占49.2%；试验发展占8.8%。在全国普通高校R&D经费来源中，政府资金占63.6%，企业资金占28.5%，国外资金占0.5%，其他资金占7.5%。2017年，全国普通高校R&D课题经费达877.0亿元。

表3-1　普通高校R&D人员投入（2008—2017年）

指标	2008年	2009年	2010年	2011年	2012年	2013年	2014年	2015年	2016年	2017年
3.1 R&D 人员（万人）	47.8	50.9	59.4	63.2	67.8	71.5	76.3	83.9	85.2	91.4
3.2 R&D 人员占全国的比例（%）	—	16.0	16.8	15.7	14.7	14.2	14.3	15.3	14.6	14.7
3.3 女性 R&D 人员占比（%）	—	32.3	35.1	36.4	37.5	38.7	40.0	41.4	42.1	43.0
3.4 硕博学位 R&D 人员占比（%）	—	57.6	57.0	58.9	61.0	62.5	63.8	66.2	69.8	71.2
3.5 R&D 人员全时当量（万人年）	26.6	27.5	29.0	29.9	31.4	32.5	33.5	35.5	36.0	38.2

续表

指标	2008年	2009年	2010年	2011年	2012年	2013年	2014年	2015年	2016年	2017年
其中：基础研究	10.9	11.2	12.0	12.9	14.0	14.7	15.5	16.4	16.7	18.1
应用研究	13.7	14.2	14.8	15.0	15.4	15.9	16.1	17.2	17.3	18.3
试验发展	2.0	2.1	2.1	2.0	1.9	1.9	1.9	1.9	2.0	1.9
3.6 R&D 人员全时当量占全国的比例（%）	13.6	12.6	11.3	10.4	9.7	9.2	9.0	9.4	9.3	9.5

表3-2　普通高校R&D经费投入（2008—2017年）

指标	2008年	2009年	2010年	2011年	2012年	2013年	2014年	2015年	2016年	2017年
3.7 R&D经费内部支出（亿元）	390.2	468.2	597.3	688.8	780.6	856.7	898.1	998.6	1072.2	1266.0
3.8 R&D经费内部支出占全国比重（%）	8.5	8.1	8.5	7.9	7.6	7.2	6.9	7.0	6.8	7.2
3.9 R&D人员人均经费（万元）	8.2	9.2	10.1	10.9	11.5	12.0	11.8	11.9	12.6	13.9
3.10-1 基础研究占R&D经费内部支出比例（%）	29.4	31.1	31.1	32.9	35.3	35.9	36.6	39.2	40.3	42.0
3.10-2 应用研究占R&D经费内部支出比例（%）	53.5	53.4	56.4	54.1	51.6	51.5	53.1	51.7	49.3	49.2
3.10-3 试验发展占R&D经费内部支出比例（%）	17.0	15.5	13.5	13.0	13.1	12.6	10.4	9.1	10.4	8.8
3.11-1 R&D经费内部支出中来源于政府资金的比例（%）	57.8	56.0	60.1	58.8	60.7	60.3	59.7	63.8	64.1	63.6
3.11-2 R&D经费内部支出中来源于企业资金的比例（%）	34.6	36.7	33.2	35.3	33.4	33.8	33.7	30.2	29.0	28.5
3.11-3 R&D经费内部支出中来源于国外资金的比例（%）	1.2	1.0	0.9	0.9	0.8	0.6	0.6	0.5	0.6	0.5
3.11-4 R&D经费内部支出中来源于其他资金的比例（%）	6.4	6.3	5.8	5.1	5.1	5.3	6.0	5.5	6.3	7.5
3.12 R&D课题经费（亿元）	323.2	363.5	467.0	535.3	607.3	662.7	701.8	765.6	777.2	877.0

表3-3　普通高校R&D课题人员投入按学科分布（2010—2017年）

单位：人年

学科	2010年	2011年	2012年	2013年	2014年	2015年	2016年	2017年
数学	4838	5093	5374	5890	6353	6449	6277	6124
信息科学与系统科学	3017	3648	3156	3459	3772	4091	4442	4748
力学	1225	1161	1477	1427	1611	1347	1405	1727
物理学	6103	6124	6818	7156	7303	7202	7300	7694
化学	9045	9668	9651	10 355	10 577	10 792	10 548	11 518
天文学	151	148	168	127	218	215	202	219
地球科学	5800	5272	6150	6301	6596	7118	6637	6971
生物学	11 013	10 683	10 849	11 634	11 384	11 587	12 047	12 336
心理学	104	101	136	186	1357	215	302	335
农学	8490	7764	8862	8207	7998	8405	9557	9888
林学	2422	2416	2216	2179	2285	2287	2447	2515
畜牧、兽医科学	3247	3087	3006	3128	3150	2838	3383	3483
水产学	1000	935	938	1098	1215	1281	1194	1126
基础医学	12 188	12 813	12 899	14 440	14 259	14 932	15 415	16 171
临床医学	36 658	39 183	40 279	40 127	43 330	43 694	43 467	47 666
预防医学与卫生学	2151	2105	1973	1838	1909	2150	2001	2305
军事医学与特种医学	64	91	112	119	80	56	68	91
药学	3093	3547	3430	3738	4162	4093	4586	4780
中医学与中药学	10 989	11 705	11 855	13 654	12 223	12 541	12 153	13 433
工程与技术科学基础学科	1825	1959	1394	1504	2211	1819	2092	2299
信息与系统科学相关工程与技术	833	1302	1887	1985	2555	2527	2908	3638
自然科学相关工程与技术	888	784	754	1075	1176	1342	1773	2167
测绘科学技术	803	767	785	904	912	1129	1042	1134
材料科学	9868	10 227	785	10 495	11 321	11 724	12 806	13 341
矿山工程技术	3235	3667	3472	3655	3243	3111	3359	3472
冶金工程技术	1365	951	1191	1254	1053	1100	1114	1266
机械工程	10 540	12 050	11 386	11 092	11 546	12 301	12 948	13 339
动力与电气工程	5290	5242	5615	5558	5978	6437	6493	7128

续表

学科	2010年	2011年	2012年	2013年	2014年	2015年	2016年	2017年
能源科学技术	2263	2406	2387	2430	3194	2506	2285	2415
核科学技术	516	433	612	497	586	524	568	582
电子、通信与自动控制技术	13 715	13 000	13 092	12 560	11 653	12 458	12 634	12 208
计算机科学技术	10 750	10 715	11 813	11 528	12 138	12 695	12 814	13 878
化学工程	5751	5570	5753	5748	5718	5912	5963	6397
产品应用相关工程与技术	257	302	604	567	531	600	727	713
纺织科学技术	1131	1036	1044	1060	929	879	1049	1222
食品科学技术	2322	2309	2562	2738	2984	3036	3115	3594
土木建筑工程	6913	6941	6921	7580	8032	9111	9487	10 444
水利工程	1648	1864	1864	1752	1781	1684	1975	2031
交通运输工程	4139	4533	4124	4646	4933	4805	4948	4826
航空、航天科学技术	2349	1720	2091	2350	1729	2189	2120	2058
环境科学技术	6451	6325	6238	7209	6935	7609	7622	7852
安全科学技术	527	547	648	611	711	826	824	898
管理学	16 412	17 694	19 703	20 359	19 819	23 885	22 834	22 750
马克思主义	2064	2345	2695	2976	3350	4037	4336	4852
哲学	1301	1403	1452	1505	1599	1622	1598	1512
宗教学	225	232	262	250	290	336	291	291
语言学	4953	5351	5989	6152	6435	7172	6821	6812
文学	4019	4131	4643	4753	4864	5305	4901	5094
艺术学	4690	5430	6077	6383	6795	8010	8225	9332
历史学	2074	2155	2443	2369	2497	2664	2360	2550
考古学	224	244	259	254	291	336	307	353
经济学	11 654	12 082	13 046	12 675	13 073	14 357	13 914	14 111
政治学	1961	1919	2031	2128	2205	2416	2309	2413
法学	4168	4504	4980	5100	5277	5698	5551	5797
军事学	59	2	122	15	6	22	21	12
社会学	3809	4073	4496	4806	5050	5562	5537	5906
民族学	560	833	1118	1300	1495	1773	1888	2129
新闻学与传播学	1468	1549	1723	1831	1966	2139	2180	2535

续表

学科	2010年	2011年	2012年	2013年	2014年	2015年	2016年	2017年
图书馆、情报与文献学	1439	1583	1735	1773	1808	1924	1737	1812
教育学	9069	9312	10 308	10 823	11 423	14 140	15 582	16 971
体育科学	3215	3349	3780	4118	3886	4188	4043	4116
统计学	496	508	658	754	834	957	966	954
其他	107	123	175	310	273	315	342	1654

表3-4　分地区普通高校R&D人员情况（2017年）

地区	R&D人员（人）	硕博学位R&D人员比例（%）	女性R&D人员比例（%）
北　京	84 410	72.5	43.6
天　津	23 980	73.6	43.4
河　北	32 588	67.9	52.6
山　西	16 804	71.1	47.2
内蒙古	7938	69.8	51.3
辽　宁	38 911	74.4	44.8
吉　林	31 712	74.8	48.9
黑龙江	24 304	71.0	44.8
上　海	46 207	71.8	39.6
江　苏	67 309	75.2	41.1
浙　江	54 350	74.0	44.2
安　徽	27 186	72.2	36.1
福　建	31 827	70.0	43.5
江　西	16 472	68.2	40.5
山　东	47 996	71.0	44.3
河　南	28 305	72.9	47.5
湖　北	37 698	71.9	37.3
湖　南	40 196	68.3	40.8
广　东	63 332	72.9	40.1
广　西	27 788	67.5	43.8
海　南	3684	70.0	48.5
重　庆	25 494	68.4	37.9
四　川	48 027	68.6	41.1

续表

地区	R&D人员（人）	硕博学位R&D人员比例（%）	女性R&D人员比例（%）
贵　州	12 103	62.4	44.6
云　南	20 292	62.9	50.2
西　藏	1456	71.5	40.5
陕　西	28 040	72.4	39.4
甘　肃	10 414	66.6	40.6
青　海	1578	65.5	43.9
宁　夏	3835	66.0	44.7
新　疆	9354	64.7	48.6

表3-5　分地区普通高校R&D人员全时当量（2017年）

地区	R&D人员全时当量（人年）	基础研究人员占比（%）	应用研究人员占比（%）	试验发展人员占比（%）	研究人员占R&D人员的比例（%）
北　京	35 207	41.8	55.9	2.3	83.2
天　津	10 664	40.1	54.1	5.8	86.3
河　北	11 832	42.7	54.2	3.1	89.8
山　西	7311	52.8	42.4	4.8	80.9
内蒙古	3329	43.8	49.1	7.2	90.0
辽　宁	17 549	48.3	46.0	5.6	91.0
吉　林	14 303	57.3	39.7	3.0	86.3
黑龙江	13 562	68.3	29.4	2.3	86.6
上　海	24 625	51.9	43.7	4.3	81.5
江　苏	27 063	51.3	41.9	6.8	92.6
浙　江	20 019	41.8	54.5	3.8	87.7
安　徽	12 666	50.0	47.2	2.8	83.1
福　建	11 960	26.5	70.2	3.3	83.0
江　西	6675	57.2	37.7	5.1	84.2
山　东	22 453	50.0	42.5	7.6	88.3
河　南	9114	34.7	51.7	13.6	86.2
湖　北	16 226	36.1	55.8	8.2	84.7
湖　南	16 900	48.5	46.3	5.2	86.9
广　东	25 847	49.6	46.7	3.7	82.6

续表

地区	R&D人员全时当量（人年）	基础研究人员占比（%）	应用研究人员占比（%）	试验发展人员占比（%）	研究人员占R&D人员的比例（%）
广 西	10 584	44.0	52.5	3.4	83.4
海 南	1068	53.8	44.4	1.8	81.8
重 庆	9589	38.5	52.1	9.4	84.9
四 川	19 515	38.4	56.3	5.3	84.7
贵 州	4467	56.9	41.2	1.9	89.7
云 南	7210	60.5	36.8	2.7	78.9
西 藏	313	75.5	22.0	2.4	78.5
陕 西	12 066	56.0	36.0	8.1	88.5
甘 肃	4041	44.5	51.3	4.2	85.5
青 海	652	54.9	42.6	2.5	90.8
宁 夏	1924	55.8	42.2	2.0	80.8
新 疆	3428	63.5	35.1	1.4	87.9

表3-6　分地区普通高校R&D经费内部支出及结构（2017年）

地区	R&D经费内部支出（亿元）	R&D人员人均经费（万元）	基础研究占R&D经费内部支出比例（%）	应用研究占R&D经费内部支出比例（%）	试验发展占R&D经费内部支出比例（%）
北 京	182.8	21.7	40.7	54.1	5.2
天 津	64.1	26.7	37.6	55.0	7.4
河 北	21.0	6.5	36.0	56.3	7.6
山 西	10.1	6.0	60.7	36.0	3.3
内蒙古	4.5	5.6	33.5	50.0	16.5
辽 宁	52.0	13.4	38.8	51.5	9.7
吉 林	19.5	6.1	50.1	44.3	5.6
黑龙江	36.7	15.1	47.7	49.2	3.2
上 海	109.2	23.6	46.4	47.6	6.1
江 苏	109.6	16.3	46.4	43.6	10.0
浙 江	62.2	11.4	44.1	51.4	4.5
安 徽	32.6	12.0	55.4	40.8	3.9
福 建	36.7	11.5	19.4	74.5	6.1
江 西	13.5	8.2	57.5	37.6	4.8

续表

地区	R&D经费内部支出（亿元）	R&D人员人均经费（万元）	基础研究占R&D经费内部支出比例（%）	应用研究占R&D经费内部支出比例（%）	试验发展占R&D经费内部支出比例（%）
山　东	53.2	11.1	43.6	40.7	15.6
河　南	25.8	9.1	26.2	51.9	21.9
湖　北	67.8	18.0	27.1	54.4	18.6
湖　南	30.1	7.5	40.2	48.4	11.4
广　东	137.5	21.7	46.3	44.7	9.0
广　西	21.9	7.9	60.1	37.5	2.4
海　南	1.8	4.9	53.2	45.1	1.6
重　庆	34.1	13.4	33.5	50.1	16.3
四　川	55.8	11.6	30.6	53.4	16.0
贵　州	12.7	10.5	48.6	48.3	3.2
云　南	11.2	5.5	56.4	40.5	3.1
西　藏	0.8	5.6	78.7	10.5	10.9
陕　西	37.6	13.4	44.3	44.1	11.5
甘　肃	9.0	8.7	41.7	55.0	3.3
青　海	2.5	15.7	52.5	46.8	0.7
宁　夏	5.3	13.8	71.4	26.0	2.6
新　疆	4.4	4.7	63.3	35.1	1.6

表3-7　分地区普通高校R&D经费来源结构（2017年）

单位：%

地区	政府资金比例	企业资金比例	国外资金比例	其他资金比例
北　京	67.5	29.7	2.0	0.8
天　津	64.0	29.6	0.4	6.0
河　北	63.5	23.9	0.3	12.4
山　西	71.9	18.5	0	9.6
内蒙古	70.9	23.3	0.1	5.8
辽　宁	49.2	44.4	0.2	6.2
吉　林	74.7	20.1	0.2	5.1
黑龙江	52.5	45.3	0	2.2

续表

地区	政府资金比例	企业资金比例	国外资金比例	其他资金比例
上　海	67.2	29.6	0.3	2.8
江　苏	49.9	35.2	0.2	14.7
浙　江	59.3	33.3	0.5	6.9
安　徽	74.6	13.0	0.2	12.2
福　建	73.0	19.8	0.3	6.9
江　西	57.1	25.8	0	17.1
山　东	68.1	23.4	0.2	8.3
河　南	57.9	26.3	0.1	15.7
湖　北	65.4	31.5	0.3	2.9
湖　南	65.9	23.5	0	10.6
广　东	70.7	20.2	0.2	8.9
广　西	77.6	10.2	0	12.2
海　南	83.8	8.2	0.1	8.0
重　庆	47.2	28.5	0.1	24.2
四　川	48.5	42.1	0.3	9.2
贵　州	69.5	17.4	0.1	13.1
云　南	72.7	14.5	0.3	12.5
西　藏	83.0	8.7	0	8.3
陕　西	66.0	28.0	0.2	5.8
甘　肃	61.5	29.9	0	8.6
青　海	92.7	5.3	0	2.1
宁　夏	92.5	3.9	0	3.6
新　疆	86.6	9.0	0.1	4.3

表3-8　分地区普通高校R&D课题（2017年）

地区	R&D课题经费（亿元）	平均每项课题经费（万元）
北　京	146.7	15.3
天　津	42.7	18.4
河　北	11.9	4.7
山　西	6.3	5.8
内蒙古	3.9	4.3

续表

地区	R&D课题经费（亿元）	平均每项课题经费（万元）
辽　宁	37.5	10.8
吉　林	16.1	7.4
黑龙江	21.7	14.4
上　海	69.2	12.2
江　苏	77.9	11.0
浙　江	42.9	6.1
安　徽	20.1	6.7
福　建	22.9	6.4
江　西	11.0	4.8
山　东	36.8	8.1
河　南	20.9	7.0
湖　北	52.2	11.6
湖　南	19.5	5.3
广　东	78.4	9.9
广　西	11.3	4.9
海　南	1.2	3.8
重　庆	21.1	8.2
四　川	45.2	8.5
贵　州	7.7	4.9
云　南	7.7	4.7
西　藏	0.3	2.6
陕　西	30.6	6.8
甘　肃	6.3	5.8
青　海	1.3	9.8
宁　夏	1.8	4.0
新　疆	3.6	4.4

表3-9　按规格、隶属分普通高校R&D人员全时当量占比（2008—2017年）

单位：%

分类		2008年	2009年	2010年	2011年	2012年	2013年	2014年	2015年	2016年	2017年
按高校规格分	“211工程”院校及省部共建高等学校	47.0	47.2	45.8	44.5	42.9	42.8	43.1	42.4	41.2	40.2
	其他本科高等学校	50.9	49.9	51.4	52.7	54.0	54.3	53.5	53.1	53.9	54.1
	高等专科学校	2.1	3.0	2.8	2.7	3.0	2.9	3.4	4.5	4.9	5.6
按高校隶属分	部委院校	5.4	5.3	5.7	5.4	5.6	5.4	5.2	5.1	5.0	4.2
	教育部直属院校	33.3	34.2	33.0	32.9	30.5	30.7	31.4	31.1	30.1	30.2
	地方院校	61.3	60.4	61.3	61.7	63.9	63.9	63.4	63.9	64.9	65.6

注：仅包括设有理工农医类教学专业的高校。

表3-10　按规格、隶属与类型分普通高校科技经费来源结构（2017年）

单位：%

分类		政府资金比例	企事业单位资金比例	其他资金比例
按高校规格分	“211工程”院校及省部共建高等学校	64.9	30.7	4.3
	其他本科高等学校	62.6	23.3	14.1
	高等专科学校	46.2	26.6	27.3
按高校隶属分	部委院校	63.7	33.8	2.5
	教育部直属院校	65.1	30.6	4.3
	地方院校	62.7	23.8	13.6
按高校类型分	综合大学	68.2	23.9	7.9
	理工院校	55.5	38.4	6.1
	农林院校	82.5	12.2	5.3
	医药院校	79.8	5.2	15.0
	师范院校	69.7	14.7	15.5
	其他	65.4	16.8	17.8

注：仅包括设有理工农医类教学专业的高校。

表3–11 按规格、隶属与类型分普通高校R&D经费支出结构（2017年）

单位：%

分类		基础研究比例	应用研究比例	试验发展比例
按高校规格分	“211 工程”院校及省部共建高等学校	41.8	47.2	10.9
	其他本科高等学校	37.2	52.8	10.0
	高等专科学校	11.0	73.6	15.3
按高校隶属分	部委院校	36.5	55.4	8.1
	教育部直属院校	42.3	45.9	11.8
	地方院校	38.2	52.0	9.8
按高校类型分	综合大学	47.4	44.5	8.1
	理工院校	33.1	53.1	13.8
	农林院校	34.8	56.8	8.4
	医药院校	62.0	34.0	4.0
	师范院校	49.2	42.6	8.2
	其他	31.3	61.2	7.5

注：仅包括设有理工农医类教学专业的高校。

表3–12 部分国家高校R&D人员全时当量（2017年）

国家	高校R&D人员全时当量（万人年）	R&D人员全时当量占本国R&D人员的比重（%）	研究人员占R&D人员全时当量的比重（%）
中　国	38.2	9.5	85.8
日　本	21.2	23.8	65.4
英　国	18.8	44.3	89.7
德　国	14.5	21.3	77.8
法　国	11.9	27.4	68.4
俄罗斯	10.2	13.1	74.8
加拿大	7.3	32.8	80.6
韩　国	7.0	14.9	55.4

续表

国家	高校R&D人员全时当量（万人年）	R&D人员全时当量占本国R&D人员的比重（%）	研究人员占R&D人员全时当量的比重（%）
荷　兰	3.3	24.2	66.5
比利时	2.6	31.5	77.9
瑞　典	2.3	26.0	91.0
丹　麦	2.2	34.8	73.9
奥地利	1.8	23.5	76.6
芬　兰	1.6	32.7	79.5

注：数据来源为OECD统计数据，其中加拿大为2016年数据。

表3–13　部分国家高校R&D经费及占本国R&D经费比重（2017年）

国家	高校R&D经费（亿美元）	高校R&D经费占本国R&D经费的比重（%）
中　国	187.3	7.2
美　国	708.3	13.0
德　国	195.0	17.4
日　本	187.6	12.0
法　国	117.2	20.7
英　国	104.2	23.8
加拿大	107.6	41.2
意大利	63.7	23.9
韩　国	59.1	8.5
荷　兰	49.3	29.9
瑞　典	45.4	25.0
俄罗斯	15.8	9.0

注：数据来源为OECD统计数据。

表3-14　部分国家高校按活动类型分R&D经费占比（2017年）

单位：%

国家	基础研究占比	应用研究占比	试验发展占比
中　国	42.0	49.2	8.8
瑞　士	78.9	14.9	6.2
法　国	74.5	21.3	4.2
美　国	61.8	28.5	9.7
意大利	56.0	33.8	10.2
日　本	54.7	36.3	9.0
韩　国	36.9	30.8	32.3
英　国	33.3	52.0	14.7
俄罗斯	31.8	48.3	20

注：数据来源为OECD统计数据，其中瑞士、法国为2015年数据，意大利、英国、俄罗斯为2016年数据。

表3-15　部分国家高校R&D经费占GDP比例（2008—2017年）

单位：%

国家	2008年	2009年	2010年	2011年	2012年	2013年	2014年	2015年	2016年	2017年
英　国	0.43	0.47	0.45	0.44	0.43	0.44	0.43	0.42	0.41	0.39
美　国	0.37	0.40	0.40	0.40	0.38	0.37	0.36	0.36	0.36	0.36
法　国	0.41	0.46	0.47	0.46	0.46	0.47	0.50	0.50	0.49	0.45
德　国	0.43	0.48	0.49	0.50	0.51	0.51	0.51	0.50	0.53	0.52
日　本	0.39	0.43	0.40	0.43	0.43	0.45	0.43	0.40	0.39	0.38
韩　国	0.35	0.37	0.38	0.38	0.38	0.38	0.39	0.38	0.39	0.39
俄罗斯	0.06	0.08	0.09	0.09	0.10	0.09	0.10	0.11	0.10	0.10
中　国	0.12	0.13	0.14	0.14	0.14	0.14	0.14	0.14	0.14	0.15

注：数据来源为OECD统计数据。

四、科技成果及转化

监测结果显示，2017年，中国普通高校发表科技论文31.2万篇，占全国发表科技论文总数的66.0%。发表SCI论文27.3万篇，占全国发表SCI论文总数的84.4%。2017年，我国普通高校申请专利33.6万件，占全国专利申请总数的9.5%；高校专利授权17.0万件，占全国专利授权总数的9.9%。其中，高校发明专利申请数占高校专利申请总数的53.5%，占全国发明专利申请数的14.4%；高校发明专利授权数占高校专利授权总数的44.4%，占全国发明专利授权总数的23.1%。普通高校签订技术市场成交合同7.0万项，占全国技术市场成交合同总数的19.0%；技术市场成交合同金额355.8亿元，占全国技术市场成交合同金额的2.7%。专利所有权转让及许可5942项，专利所有权转让及许可收入19.6亿元。

表4-1　普通高校创新成果及转化情况（2008—2017年）

指标	2008年	2009年	2010年	2011年	2012年	2013年	2014年	2015年	2016年	2017年
4.1 科技论文数量（万篇）	31.8	34.1	34.3	33.6	33.7	33.1	32.1	31.9	32.0	31.2
4.2 科技论文数量占全国的比例（%）	67.3	65.3	64.6	63.4	64.4	64.0	64.4	64.6	64.8	66.0
4.3 SCI论文数量（万篇）	7.8	9.0	10.1	11.3	13.1	16.1	19.5	22.0	24.1	27.3
4.4 SCI论文数量占全国的比例（%）	81.8	82.5	82.9	83.2	82.8	83.7	83.0	82.8	83.1	84.4
4.5 专利申请数量（万件）	4.5	6.2	7.9	11.0	13.3	16.8	18.4	23.5	31.5	33.6
4.6 专利申请数量占全国的比例（%）	6.3	7.0	7.2	7.3	6.9	7.5	8.3	8.9	9.5	9.5
4.7 发明专利申请数量占全国的比例（%）	15.8	16.6	16.5	15.2	14.1	14.0	14.0	13.8	14.4	14.4

续表

指标	2008年	2009年	2010年	2011年	2012年	2013年	2014年	2015年	2016年	2017年
4.8 发明专利申请数量占专利申请数的比例（%）	68.2	61.7	60.9	57.2	57.1	58.8	60.9	56.8	55.0	53.5
4.9 专利授权数量（万件）	1.9	2.8	4.3	5.6	7.7	8.5	9.2	13.6	15.0	17.0
4.10专利授权数量占全国的比例（%）	5.4	5.6	5.8	6.4	6.6	6.9	7.6	8.5	9.2	9.9
4.11发明专利授权数量占全国的比例（%）	22.0	22.0	23.9	23.7	23.5	23.2	23.6	21.7	20.6	23.1
4.12发明专利授权数量占专利授权的比例（%）	53.6	51.5	44.1	47.1	43.8	39.2	41.4	42.0	41.6	44.4
4.13技术市场成交合同数量（万项）	3.0	3.3	4.2	5.0	5.8	6.4	5.4	5.7	6.0	7.0
4.14技术市场成交合同数量占全国的比例（%）	13.3	15.3	18.4	19.4	20.5	21.8	18.3	18.6	18.7	19.0
4.15技术市场成交合同金额数量（亿元）	118.3	135.1	196.7	248.8	294.0	329.5	315.1	314.3	360.0	355.8
4.16技术市场成交合同金额占全国的比例（%）	4.4	4.4	5.0	5.2	4.6	4.4	3.7	3.2	3.2	2.7
4.17专利所有权转让及许可数量（项）	—	1602	1810	2203	2380	2344	2293	2786	4839	5942
4.18专利所有权转让及许可收入（亿元）	—	5.7	3.6	4.7	4.4	4.4	5.4	6.7	12.2	19.6
4.19企业委托R&D课题数（万项）	—	10.5	12.3	13.9	14.9	15.8	17.0	18.0	19.1	20.7
4.20企业委托R&D课题经费（亿元）	—	131.8	157.4	247.7	208.4	230.1	245.5	244.5	247.0	274.1
4.21参与企业委托R&D课题人员数量（万人年）	—	5.6	5.6	5.9	6.1	6.1	6.4	6.5	6.9	7.1

表4-2 分地区普通高校科技创新产出（2017年）

地区	有效发明专利数（件）	形成国家或行业标准数（项）	专利所有权转让与许可数（件）	专利所有权转让与许可收入（万元）
北京	47 511	81	429	49 377
天津	8409	0	111	631
河北	4491	8	103	819
山西	3375	2	26	206
内蒙古	892	1	1	18
辽宁	11 604	14	161	13 436
吉林	4623	0	50	476
黑龙江	12 792	10	121	825
上海	21 534	0	381	11 747
江苏	43 088	67	1620	18 811
浙江	24 579	56	613	9751
安徽	6091	8	186	1540
福建	6336	6	133	1369
江西	2398	4	40	455
山东	15 235	9	199	57 712
河南	7134	22	108	2366
湖北	13 214	12	249	9051
湖南	8979	37	108	1418
广东	13 710	14	438	2615
广西	4288	0	112	550
海南	262	0	0	0
重庆	7684	15	113	2344
四川	10 903	16	265	7579
贵州	1079	8	16	36
云南	2910	1	14	171
西藏	15	0	0	0
陕西	17 255	24	274	2920
甘肃	1702	3	63	133
青海	85	22	0	0
宁夏	231	9	4	9
新疆	874	2	4	16

表4-3　不同规格、隶属与类型高校在普通高校科技成果中的占比（2017年）

单位：%

分类		发表学术论文	发表国际论文	专利申请	发明专利申请	专利授权	发明专利授权
按高校规格分	“211工程”院校及省部共建高等学校	48.9	66.5	39.1	52.1	39.0	58.9
	其他本科高等学校	44.7	32.9	50.4	43.7	49.6	38.6
	高等专科学校	6.4	0.6	10.5	4.2	11.4	2.6
按高校隶属分	部委院校	6.9	8.1	5.2	7.8	5.3	9.1
	教育部直属院校	35.6	50.9	27.3	36.8	27.5	42.0
	地方院校	57.5	41.0	67.5	55.4	67.2	48.8
按高校类型分	综合大学	32.0	41.7	28.9	29.3	28.3	30.5
	理工院校	39.6	37.1	53.7	56.8	53.7	57.4
	农林院校	5.6	4.8	5.4	5.1	5.5	4.7
	医药院校	14.8	8.7	3.2	2.4	3.3	2.0
	师范院校	6.4	6.7	7.0	5.2	7.2	4.3
	其他	1.5	1.0	1.8	1.2	2.0	1.0

注：仅包括设有理工农医类教学专业的高校。

表4-4　不同规格、隶属与类型高校在普通高校技术成果转让中的占比（2017年）

单位：%

分类		专利出售合同数	专利出售合同金额	专利出售当年实际收入	技术转让合同数	技术转让合同金额	技术转让当年实际收入
按高校规格分	“211工程”院校及省部共建高等学校	41.7	59.3	55.7	31.6	51.1	47.1
	其他本科高等学校	50.7	40.2	43.5	62.8	48.0	51.5
	高等专科学校	7.6	0.5	0.8	5.6	0.9	1.4
按高校隶属分	部委院校	5.8	13.2	18.3	6.3	12.7	15.3
	教育部直属院校	29.5	44.3	36.3	20.1	34.4	27.6
	地方院校	64.7	42.5	45.4	73.6	52.9	57.1

续表

分类		专利出售合同数	专利出售合同金额	专利出售当年实际收入	技术转让合同数	技术转让合同金额	技术转让当年实际收入
按高校类型分	综合大学	31.3	21.2	11.3	30.1	23.9	15.4
	理工院校	55.9	71.5	83.7	53.1	64.6	74.4
	农林院校	4.8	3.2	1.4	5.6	4.0	3.3
	医药院校	1.4	2.5	1.8	3.0	4.5	3.3
	师范院校	4.6	1.1	1.2	6.6	2.6	3.1
	其他	2.0	0.4	0.6	1.6	0.4	0.5

注：仅包括设有理工农医教学专业的高校。

表4-5　国内外部分高水平院校校均科研产出数量比较（2008—2017年）

单位：篇

院校类型	2008年	2009年	2010年	2011年	2012年	2013年	2014年	2015年	2016年	2017年
“211工程”院校	603.3	669.7	719.5	811.9	918.7	1081.7	1223.3	1309.3	1442.4	1576.5
“985工程”院校	1934.3	2141.4	2227.4	2462.4	2739.6	3071.5	3378.8	3598.5	3862.3	4186.7
中国“C9”院校	4526.6	4884.7	4903.3	5342.0	5791.1	6544.1	7122.4	7541.0	8030.2	8500.3
“一流大学”A类院校	2564.8	2798.9	2870.7	3148.0	3467.6	3891.9	4254.4	4507.1	4800.4	5144.9
“一流大学”B类院校	990.3	1101.7	1112.5	1237.5	1321.8	1619.5	1771.5	1956.2	2212.7	2349.0
“一流学科”院校	566.3	633.6	688.4	776.2	879.2	1036.5	1163.9	1247.3	1378.9	1527.6
澳大利亚Go8院校	2934.8	3211.8	3371.8	3789.9	4128.3	4602.3	4961.9	5141.8	5346.4	5455.9
美国常春藤联盟院校	5238.1	5460.0	5619.0	6189.6	6566.6	6823.1	7137.1	7195.1	7378.5	7436.8

注：数据来源于Elsevier公司的SciVal科研评价和分析平台，所选择的产出类型为研究论文和综述。表中，“985工程”院校是除“C9”院校之外的“985工程”院校，“211工程”院校是除“985工程”院校之外的“211工程”院校。“一流大学”A类院校为36所“一流大学”A类重点建设高校，“一流大学”B类院校为6所“一流大学”B类重点建设高校，“一流学科”院校为93所“一流学科”重点建设高校（有6所数据缺失）。

表4-6　国内外部分高水平院校科研产出学术影响力比较（2008—2017年）

院校类型	2008年	2009年	2010年	2011年	2012年	2013年	2014年	2015年	2016年	2017年
“211工程”院校	0.64	0.67	0.74	0.80	0.83	0.85	0.91	1.01	1.05	1.12
“985工程”院校	0.69	0.73	0.79	0.87	0.93	0.97	1.03	1.11	1.16	1.23
中国“C9”院校	0.89	0.91	1.01	1.09	1.19	1.22	1.23	1.29	1.32	1.35
“一流大学”A类院校	0.77	0.80	0.87	0.95	1.02	1.05	1.09	1.16	1.20	1.25
“一流大学”B类院校	0.61	0.63	0.69	0.74	0.79	0.81	0.92	0.99	1.05	1.18
“一流学科”院校	0.64	0.68	0.74	0.81	0.85	0.86	0.93	1.00	1.04	1.11
澳大利亚Go8院校	1.63	1.58	1.62	1.66	1.75	1.70	1.71	1.79	1.82	1.79
美国常春藤联盟院校	2.18	2.20	2.21	2.20	2.23	2.14	2.17	2.18	2.16	2.07

注：数据来源于Elsevier公司的SciVal数据库提供的领域归一化影响力数据（Field-Weighted Citation Impact，FWCI）。表中，“985工程”院校是除“C9”院校之外的“985工程”院校，“211工程”院校是除“985工程”院校之外的“211工程”院校。“一流大学”A类院校为36所“一流大学”A类重点建设高校，“一流大学”B类院校为6所“一流大学”B类重点建设高校，“一流学科”院校为93所“一流学科”重点建设高校（有6所数据缺失）。

表4-7　国内外部分高水平院校校企合作校均科研产出数量比较（2008—2017年）

单位：篇

院校类型	2008年	2009年	2010年	2011年	2012年	2013年	2014年	2015年	2016年	2017年
“211工程”院校	14.2	16.4	17.0	19.1	21.9	27.1	30.2	34.3	36.9	39.2
“985工程”院校	22.2	27.3	28.5	34.3	40.6	45.5	51.8	58.1	63.3	71.6
中国“C9”院校	77.6	91.1	93.1	103.8	113.4	137.9	158.7	168.0	189.7	197.6
“一流大学”A类院校	35.3	42.1	43.6	51.2	57.8	67.5	76.8	84.0	92.8	99.2
“一流大学”B类院校	14.2	18.5	16.7	15.5	19.7	20.0	23.5	20.7	23.3	23.0
“一流大学”院校	12.8	14.9	14.9	17.0	19.4	23.7	27.2	30.2	32.6	35.4
澳大利亚Go8院校	69.6	75.5	76.8	88.8	99.9	111.5	126.9	141.6	150.5	163.0
美国常春藤联盟院校	275.9	285.4	294.5	322.8	327.4	340.6	361.6	380.5	393.8	402.1

注：数据来源于Elsevier公司的SciVal科研评价和分析平台，所选择的产出类型为研究论文和综述。表中，“985工程”院校是除“C9”院校之外的“985工程”院校，“211工程”院校是除“985工程”院校之外的“211工程”院校（共68所，有5所数据缺失）。“一流大学”A类院校为36所双一流建设A类大学，“一流大学”B类院校为6所双一流建设B类大学，“一流大学”院校为93所双一流学科建设大学（有6所数据缺失）。

表4-8　国内外部分高水平院校校企合作产出占总产出的比例（2008—2017年）

单位：%

院校类型	2008年	2009年	2010年	2011年	2012年	2013年	2014年	2015年	2016年	2017年
“211工程”院校	2.4	2.5	2.4	2.4	2.4	2.5	2.5	2.6	2.6	2.5
“985工程”院校	1.1	1.3	1.3	1.4	1.5	1.5	1.5	1.6	1.6	1.7
中国“C9”院校	1.7	1.9	1.9	1.9	2.0	2.1	2.2	2.2	2.4	2.3
“一流大学”A类院校	1.4	1.7	1.5	1.3	1.5	1.2	1.3	1.1	1.1	1.0
“一流大学”B类院校	1.4	1.5	1.5	1.6	1.7	1.7	1.8	1.9	1.9	1.9
“一流大学”院校	2.3	2.4	2.2	2.2	2.2	2.3	2.3	2.4	2.4	2.3
澳大利亚Go8院校	2.4	2.3	2.3	2.3	2.4	2.4	2.6	2.8	2.8	3.0
美国常春藤联盟院校	5.3	5.2	5.2	5.2	5.0	5.0	5.1	5.3	5.3	5.4

注：数据来源于Elsevier公司的SciVal科研评价和分析平台，所选择的产出类型为研究论文和综述。表中，“985工程”院校是除“C9”院校之外的“985工程”院校，“211工程”院校是除“985工程”院校之外的“211工程”院校（共68所，有5所数据缺失）。“一流大学”A类院校为36所双一流建设A类大学，“一流大学”B类院校为6所双一流建设B类大学，“一流大学”院校为93所双一流学科建设大学（有6所数据缺失）。

五、国际交流与合作

监测结果显示，2017年，中国普通高校与国外合作的R&D课题数为4012项，占高等学校R&D课题总数的0.4%；与国外合作的R&D课题人员投入数为1968人年，占高等学校R&D课题人员投入的0.5%；与国外合作的R&D课题经费投入为7.5亿元，占高等学校R&D课题经费投入的0.9%。2017年，设有理工农医类教学专业的高校开展国际合作研究派遣4.6万人次，接受3.9万人次；主办国际学术会议2145次，出席国际学术会议18.7万人次，在国际学术会议上交流论文9.9万篇，发表特邀报告2.2万篇。

表5-1　普通高校国际科技合作与交流情况（2008—2017年）

指标	2008年	2009年	2010年	2011年	2012年	2013年	2014年	2015年	2016年	2017年
5.1 与国外合作的 R&D 课题数（项）	—	2893	3053	4527	3070	3138	3993	3319	4305	4012
5.2 与国外合作的 R&D 课题数占比（%）	—	0.6	0.6	0.7	0.5	0.4	0.5	0.4	0.5	0.4
5.3 与国外合作的 R&D 课题人员投入数（人年）	—	2284	2094	3212	1840	1638	2062	1514	1883	1968
5.4 与国外合作的 R&D 课题人员投入占比（%）	—	0.8	0.7	1.1	0.6	0.5	0.6	0.4	0.5	0.5
5.5 与国外合作的 R&D 课题经费投入数（亿元）	—	5.6	8.1	0.4	6.7	5.9	7.8	5.9	7.6	7.5
5.6 与国外合作的 R&D 课题经费投入占比（%）	—	1.5	1.7	0.1	1.1	0.9	1.1	0.8	1.0	0.9
5.7 国际合作研究派遣（人次）*	25 780	30 837	35 005	37 112	41 500	39 768	40 975	44 170	44 992	45 888

续表

指标	2008年	2009年	2010年	2011年	2012年	2013年	2014年	2015年	2016年	2017年
5.8 国际合作研究接受（人次）*	25 220	30 483	33 051	34 260	37 213	36 769	37 778	37 551	37 281	39 375
5.9 国际学术会议出席人员（人次）*	97 506	117 392	121 174	125 203	144 492	156 054	159 840	163 893	166 488	187 107
5.10国际学术会议交流论文（篇）*	65 394	75 388	76 189	88 131	98 656	94 616	97 267	93 464	93 768	98 793
5.11国际学术会议特邀报告（篇）*	9881	11 665	12 697	14 032	15 305	16 300	17 851	18 748	19 603	21 641
5.12国际学术会议主办（次）*	1672	1979	2229	2138	2539	2516	2437	2291	2290	2145

*：仅包括设有理工农医类教学专业的高校。

表5–2 分地区普通高校国际科技交流情况（2017年）

地区	合作研究		国际学术会议			
	派遣（人次）	接受（人次）	出席人员（人次）	交流论文（篇）	特邀报告（篇）	主办（次）
北　京	5268	5098	34 365	18 092	4885	211
天　津	701	541	2371	1340	441	61
河　北	996	464	2400	1721	242	21
山　西	758	366	1115	708	84	5
内蒙古	34	23	451	304	32	0
辽　宁	1613	953	8253	4416	705	72
吉　林	696	493	2037	1567	265	32
黑龙江	2091	1482	4408	2354	481	80
上　海	4565	5191	26 780	9537	2563	312
江　苏	4323	5020	14 277	11 552	2833	198
浙　江	1034	835	7121	3697	633	94
安　徽	2014	1296	6105	3185	772	57
福　建	1079	1299	5916	1879	766	64
江　西	1417	974	2722	1356	292	34
山　东	2948	2208	6319	4100	621	107
河　南	1100	547	4464	1832	343	38

续表

地区	合作研究		国际学术会议			
	派遣（人次）	接受（人次）	出席人员（人次）	交流论文（篇）	特邀报告（篇）	主办（次）
湖　北	2482	2048	12 904	8903	821	174
湖　南	2098	1260	3824	2239	526	44
广　东	2752	2060	10 287	4735	1366	197
广　西	649	387	3334	875	87	22
海　南	64	67	137	147	13	4
重　庆	1057	569	2051	1067	264	17
四　川	3038	4191	12 840	5650	1456	131
贵　州	189	77	717	348	58	2
云　南	753	483	1292	558	185	22
西　藏	72	33	25	27	2	1
陕　西	1174	584	8179	5164	710	124
甘　肃	364	519	1075	673	116	12
青　海	173	104	140	20	8	4
宁　夏	131	66	788	562	44	0
新　疆	255	137	410	185	27	5

注：仅包括设有理工农医类教学专业的高校。

表5-3　不同规格、隶属与类型高校国际科技交流情况（2017年）

分类		合作研究		国际学术会议			
		派遣（人次）	接受（人次）	出席人员（人次）	交流论文（篇）	特邀报告（篇）	主办（次）
按高校规格分	“211工程”院校及省部共建高等学校	24 045	25 809	127 408	66 965	15 747	1498
	其他本科高等学校	20 177	12 736	58 661	31 092	5813	641
	高等专科学校	1666	830	1038	736	81	6
按高校隶属分	部委院校	3337	3730	13 333	7379	1285	230
	教育部直属院校	17 675	19 909	100 591	53 703	13 239	1134
	地方院校	24 876	15 736	73 183	37 711	7117	781

续表

分类		合作研究		国际学术会议			
		派遣（人次）	接受（人次）	出席人员（人次）	交流论文（篇）	特邀报告（篇）	主办（次）
按高校类型分	综合大学	16 021	15 723	76 177	37 552	10 779	971
	理工院校	18 361	15 475	71 135	44 807	6302	752
	农林院校	2165	2259	10 269	4366	1282	90
	医药院校	4639	3218	18 942	5662	1880	174
	师范院校	3784	1994	8502	4766	1176	128
	其他	918	706	2082	1640	222	30

注：仅包括设有理工农医类教学专业的高校。

表5-4 国内外部分高水平院校国际合作校均科研产出数量比较（2008—2017年）

单位：篇

院校类型	2008年	2009年	2010年	2011年	2012年	2013年	2014年	2015年	2016年	2017年
“211工程”院校	68.8	82.4	99.3	122.6	140.6	176.3	215.3	259.2	307.2	354.7
“985工程”院校	253.4	314.8	365.3	430.9	504.1	589.7	689.3	788.1	896.0	1034.1
中国“C9”院校	796.7	923.2	1010.1	1223.3	1378.3	1636.0	1830.5	2036.1	2240.4	2465.1
“一流大学”A类院校	387.3	459.0	516.7	613.9	703.9	825.1	944.5	1059.2	1185.7	1337.7
“一流大学”B类院校	110.9	138.8	153.5	194.3	214.1	275.3	311.8	393.2	444.7	505.0
“一流学科”院校	64.0	77.9	94.3	115.7	133.6	167.9	203.7	240.7	286.8	334.6
澳大利亚Go8院校	1247.3	1384.3	1476.8	1716.8	1911.4	2209.1	2451.2	2668.6	2881.7	3049.8
美国常春藤联盟院校	1634.3	1769.0	1899.2	2172.6	2442.8	2599.6	2804.9	2942.8	3121.1	3249.9

注：数据来源于Elsevier公司的SciVal科研评价和分析平台，所选择的产出类型为研究论文和综述。表中，“985工程”院校是除“C9”院校之外的“985工程”院校，“211工程”院校是除“985工程”院校之外的“211工程”院校。“一流大学”A类院校为36所“一流大学”A类重点建设高校，“一流大学”B类院校为6所“一流大学”B类重点建设高校，“一流学科”院校为93所“一流学科”重点建设高校（有6所数据缺失）。

表5-5　国内外部分高水平院校国际合作产出占总产出的比例（2008—2017年）

单位：%

院校类型	2008年	2009年	2010年	2011年	2012年	2013年	2014年	2015年	2016年	2017年
“211工程”院校	11.4	12.3	13.8	15.1	15.3	16.3	17.6	19.8	21.3	22.5
“985工程”院校	13.1	14.7	16.4	17.5	18.4	19.2	20.4	21.9	23.2	24.7
中国“C9”院校	17.6	18.9	20.6	22.9	23.8	25.0	25.7	27.0	27.9	29.0
“一流大学”A类院校	15.1	16.4	18.0	19.5	20.3	21.2	22.2	23.5	24.7	26.0
“一流大学”B类院校	11.2	12.6	13.8	15.7	16.2	17.0	17.6	20.1	20.1	21.5
“一流学科”院校	11.3	12.3	13.7	14.9	15.2	16.2	17.5	19.3	20.8	21.9
澳大利亚Go8院校	42.5	43.1	43.8	45.3	46.3	48.0	49.4	51.9	53.9	55.9
美国常春藤联盟院校	31.2	32.4	33.8	35.1	37.2	38.1	39.3	40.9	42.3	43.7

注：数据来源于Elsevier公司的SciVal科研评价和分析平台，所选择的产出类型为研究论文和综述。表中，“985工程”院校是除“C9”院校之外的“985工程”院校，“211工程”院校是除“985工程”院校之外的“211工程”院校。“一流大学”A类院校为36所“一流大学”A类重点建设高校，“一流大学”B类院校为6所“一流大学”B类重点建设高校，“一流学科”院校为93所“一流学科”重点建设高校（有6所数据缺失）。

中国普通高校创新能力监测报告2019

调查篇

下篇

六、高校产学研合作创新

监测结果显示，截至2017年，参与调研的2194所普通高校学生去企业就业的专科毕业人数占比为77.6%，去企业就业的本科毕业人数占比为58.8%，去企业就业的硕士毕业人数占比为51.1%，去企业就业的博士毕业人数占比为17.9%。学校与企业联合共建校内实习、实训、实践基地35 378个，学校与企业联合共建校外实习、实训、实践基地270 307个，学校与企业共建创新创业基地22 207个。学校与企业合作编写教材29 102册，学校与企业合作开发课程57 608门。学校开设的创业课程28 074门，在校生创业项目（正式立项或注册）68 226个，国家级大学生创新创业训练计划立项项目34 898个。

截至2017年，参与调研的高校专任教师中双师型教师占比26.4%，具有累计2年以上企业工作经验的专任教师占比11.5%，学校派去企业实践锻炼累计3个月及以上的专任教师占比7.8%。参与调研的高校拥有外聘兼职教师（校聘）39.2万人，其中，来自企业、行业的教师占比58.5%，来自境外的教师占比5.3%。企业、行业外聘兼职教师授课2106.2万课时，专任教师参与企业技术咨询和技术服务48.2万人次，学校承接企业员工培训861.2万人次，其中，为第二产业培训企业员工285.7万人次，为第三产业培训企业员工541.5万人次。

截至2017年，参与调研的高校与企业合作申报获得纵向科研项目［上级科技主管部门或机构批准立项的各类计划（规划）、基金项目］立项16 021个，与企业合作申报获得纵向科研项目立项金额144.9亿元，与企业合作申报获得纵向科研项目的当年实际收入61.4亿元。参与调研的高校拥有与企业共建研发机构（包括实验室、研究中心等）13 566个，与企业共同发表科技论文占比为5.7%，与企业共同获得的发明专利授权占比为12.6%。参与国家产业技术创新战略联盟673个，参与省级产业技术创新战略联盟2029个。企业委托科研项目12.9万个，委托科研项目的企业97 408个，承担企业委托科研项目的专任教师11.4万人，企业委托科研项目合同金额449.7亿元，企业委托科研项目当年实际收入322.0亿元。

截至2017年，参与调研的高校专门设置技术转化机构1394个，专门设置技术转化机构专职工作人员6597人，专门设置技术转化机构兼职工作人员11 985人。专门设置技术转化网站788个。依托本单位科技成果成立的企业4344个，本年以本单位知识产权作价投资形式注册的企业691个，本年以本单位知识产权作价投资合计折价金额27.5亿元。

（一）创新人才培养情况

1.去企业就业的毕业生情况

表6-1　不同类型普通高校学生去企业就业的毕业生占比情况（2017年）

单位：%

高校类型	去企业就业的专科毕业生占比	去企业就业的本科毕业生占比	去企业就业的硕士毕业生占比	去企业就业的博士毕业生占比
综合大学	78.2	57.4	49.1	14.4
理工院校	86.1	67.9	68.1	26.1
农业院校	76.7	59.3	53.6	15.2
林业院校	87.6	56.9	60.4	19.1
医药院校	45.5	30.6	15.0	11.4
师范院校	43.6	49.7	29.9	7.9
语文院校	80.1	66.4	50.2	22.6
财经院校	87.1	71.5	61.6	32.4
政法院校	51.0	26.6	50.2	25.6
体育院校	74.0	47.1	34.5	7.2
艺术院校	78.9	62.5	29.2	7.1
民族院校	52.0	41.5	42.0	1.8
总计	77.6	58.8	51.1	17.9

表6-2　不同规格普通高校学生去企业就业的毕业生占比情况（2017年）

单位：%

高校规格	去企业就业的专科毕业生占比	去企业就业的本科毕业生占比	去企业就业的硕士毕业生占比	去企业就业的博士毕业生占比
本科	68.9	58.7	51.1	17.9
其中：独立学院	92.5	68.8	0	0
专科	79.9	0	0	0
总计	77.6	58.8	51.1	17.9

表6-3　不同隶属普通高校学生去企业就业的毕业生占比情况（2017年）

单位：%

高校隶属	去企业就业的专科毕业生占比	去企业就业的本科毕业生占比	去企业就业的硕士毕业生占比	去企业就业的博士毕业生占比
中央	84.0	37.9	58.1	19.5
教育部	69.2	37.3	58.5	19.2
其他部门	87.6	39.9	55.4	21.6
地方	74.8	57.7	45.5	12.8
教育部门	74.1	57.6	45.5	12.8
其他部门	74.8	60.5	49.7	12.0
地方企业	88.1	0	0	0
民办	88.8	72.0	250.0	0
总计	77.6	58.8	51.1	17.9

表6-4　按“双一流”建设项目分普通高校学生去企业就业的毕业生占比情况（2017年）

单位：%

高校分类	去企业就业的专科毕业生占比	去企业就业的本科毕业生占比	去企业就业的硕士毕业生占比	去企业就业的博士毕业生占比
“世界一流大学”建设高校	31.0	32.1	55.7	18.6
“世界一流学科”建设高校	46.1	46.1	57.6	24.0
其他高校	77.6	61.3	46.7	12.0
总计	77.6	58.8	51.1	17.9

表6-5 不同地区普通高校学生去企业就业的毕业生占比情况（2017年）

单位：%

地区	去企业就业的专科毕业生占比	去企业就业的本科毕业生占比	去企业就业的硕士毕业生占比	去企业就业的博士毕业生占比
北京	71.4	33.8	54.9	23.4
天津	76.6	50.4	57.4	19.7
河北	67.9	53.4	34.3	8.3
内蒙古	75.0	64.9	31.4	2.9
辽宁	80.5	57.2	47.6	23.1
吉林	61.9	53.7	40.4	14.7
黑龙江	69.2	50.4	48.4	17.1
上海	93.6	54.2	66.3	24.4
江苏	76.1	68.7	57.5	13.4
浙江	86.9	68.0	65.5	28.6
安徽	79.7	67.2	46.8	18.6
福建	88.8	68.7	42.0	5.5
江西	81.7	69.7	43.7	5.6
山东	78.3	54.2	56.3	18.8
河南	69.5	61.2	38.1	2.5
湖北	85.7	56.3	60.4	23.5
湖南	79.1	54.2	53.8	6.7
广东	88.3	72.7	46.9	6.4
广西	70.8	59.5	37.5	2.5
海南	79.2	74.5	47.0	8.0
重庆	82.3	66.9	43.1	3.3
四川	86.9	64.1	51.4	21.0
贵州	71.5	41.7	21.9	0
云南	72.2	54.4	47.6	15.8
西藏	27.2	16.4	15.1	25.0
陕西	64.7	50.4	51.7	9.4

续表

地区	去企业就业的专科毕业生占比	去企业就业的本科毕业生占比	去企业就业的硕士毕业生占比	去企业就业的博士毕业生占比
甘　肃	69.2	48.6	41.1	6.0
青　海	65.6	59.1	30.1	0
宁　夏	70.9	50.9	14.7	0
新　疆	69.9	57.4	30.5	2.8
总　计	77.6	58.8	51.1	17.9

2.校企共建基地情况

表6–6　不同类型普通高校校企共建基地情况（2017年）

单位：个

高校类型	学校与企业联合共建校内实习、实训、实践基地数	学校与企业联合共建校外实习、实训、实践基地数	学校与企业共建创新创业基地数
综合大学	9791	79 768	7768
理工院校	14 533	107 098	8439
农业院校	1397	13 120	1373
林业院校	504	2353	96
医药院校	787	9168	444
师范院校	3230	22 009	1296
语文院校	473	4049	271
财经院校	3223	24 269	1783
政法院校	168	1950	166
体育院校	48	1165	28
艺术院校	762	3620	495
民族院校	462	1738	48
总计	35 378	270 307	22 207

表6-7　不同规格普通高校校企共建基地情况（2017年）

单位：个

高校规格	学校与企业联合共建校内实习、实训、实践基地数	学校与企业联合共建校外实习、实训、实践基地数	学校与企业共建创新创业基地数
本科	10 902	153 838	14 843
其中：独立学院	1239	17 333	1394
专科	24 476	116 469	7364
总计	35 378	270 307	22 207

表6-8　不同隶属普通高校校企共建基地情况（2017年）

单位：个

高校隶属	学校与企业联合共建校内实习、实训、实践基地数	学校与企业联合共建校外实习、实训、实践基地数	学校与企业共建创新创业基地数
中央	859	21 597	1346
教育部	505	18 553	1258
其他部门	354	3044	88
地方	28 639	198 962	16 972
教育部门	18 984	145 079	13 379
其他部门	8799	51 156	3500
地方企业	856	2727	93
民办	5880	49 748	3889
总计	35 378	270 307	22 207

表6-9　按“双一流”建设项目分普通高校校企共建基地情况（2017年）

单位：个

高校分类	学校与企业联合共建校内实习、实训、实践基地数	学校与企业联合共建校外实习、实训、实践基地数	学校与企业共建创新创业基地数
“世界一流大学”建设高校	368	11 566	406
“世界一流学科”建设高校	533	10 105	742
其他高校	34 477	248 636	21 059
总计	35 378	270 307	22 207

表6-10　不同地区普通高校校企共建基地情况（2017年）

单位：个

地区	学校与企业联合共建校内实习、实训、实践基地数	学校与企业联合共建校外实习、实训、实践基地数	学校与企业共建创新创业基地数
北　京	558	8126	448
天　津	603	5506	395
河　北	1669	11 762	783
内蒙古	574	2967	251
辽　宁	900	9334	685
吉　林	455	7202	294
黑龙江	836	6539	404
上　海	749	7312	180
江　苏	3986	24 499	2289
浙　江	1403	18 374	1659
安　徽	1532	9757	929
福　建	1586	11 645	1292
江　西	1138	8180	1404
山　东	3977	16 578	2790
河　南	1544	11 699	969
湖　北	1438	13 811	1589
湖　南	1463	10 075	745
广　东	2264	27 195	1476
广　西	641	6773	436
海　南	159	1560	54
重　庆	538	6431	393
四　川	2448	12 061	733
贵　州	766	3644	166
云　南	733	4601	345
西　藏	10	156	3
陕　西	2510	14 911	667

续表

地区	学校与企业联合共建校内实习、实训、实践基地数	学校与企业联合共建校外实习、实训、实践基地数	学校与企业共建创新创业基地数
甘　肃	245	3756	385
青　海	138	936	13
宁　夏	69	831	27
新　疆	446	4086	403
总　计	35 378	270 307	22 207

3.校企合作教学情况

表6-11　不同类型普通高校校企合作教学情况（2017年）

高校类型	学校与企业合作编写教材数（册）	学校与企业合作开发课程数（门）
综合大学	5947	16 935
理工院校	15 338	25 663
农业院校	1175	3410
林业院校	115	274
医药院校	1138	2687
师范院校	1353	2212
语文院校	167	727
财经院校	1671	3957
政法院校	235	386
体育院校	46	108
艺术院校	416	1172
民族院校	1501	77
总计	29 102	57 608

表6–12　不同规格普通高校校企合作教学情况（2017年）

高校规格	学校与企业合作编写教材数（册）	学校与企业合作开发课程数（门）
本科	5240	17 630
其中： 独立学院	176	1566
专科	23 862	39 978
总计	29 102	57 608

表6–13　不同隶属普通高校校企合作教学情况（2017年）

高校隶属	学校与企业合作编写教材数（册）	学校与企业合作开发课程数（门）
中央	1927	2421
教育部	185	1742
其他部门	1742	679
地方	24 931	48 101
教育部门	17 270	32 857
其他部门	7255	14 543
地方企业	406	701
民办	2244	7086
总计	29 102	57 608

表6–14　按“双一流”建设项目分普通高校校企合作教学情况（2017年）

高校分类	学校与企业合作编写教材数（册）	学校与企业合作开发课程数（门）
“世界一流大学”建设高校	112	1464
“世界一流学科”建设高校	79	643
其他高校	28 911	55 501
总计	29 102	57 608

表6–15　不同地区普通高校校企合作教学情况（2017年）

地区	学校与企业合作编写教材数（册）	学校与企业合作开发课程数（门）
北　京	363	1059
天　津	333	1041
河　北	2408	3316

续表

地区	学校与企业合作编写教材数（册）	学校与企业合作开发课程数（门）
内蒙古	405	992
辽　宁	2020	2288
吉　林	292	1006
黑龙江	418	1464
上　海	264	865
江　苏	3621	7895
浙　江	2312	6474
安　徽	555	882
福　建	1011	2625
江　西	564	1566
山　东	2019	4475
河　南	1575	2719
湖　北	961	2361
湖　南	1416	3117
广　东	4226	4355
广　西	270	841
海　南	44	108
重　庆	772	1665
四　川	1792	2399
贵　州	151	601
云　南	261	897
西　藏	20	6
陕　西	644	1659
甘　肃	166	222
青　海	63	69
宁　夏	38	60
新　疆	118	581
总　计	29 102	57 608

4. 创新创业教育情况

表6–16　不同类型普通高校创新创业教育情况（2017年）

高校类型	学校开设的创业课程数（门）	在校生创业项目数（正式立项或注册）（个）	国家级大学生创新创业训练计划立项项目数（个）
综合大学	7597	18 527	9975
理工院校	10 196	24 549	11 652
农业院校	1413	3106	1659
林业院校	203	348	313
医药院校	1481	2224	2504
师范院校	2743	8435	4112
语文院校	590	1287	722
财经院校	2610	6304	2254
政法院校	233	525	489
体育院校	101	319	260
艺术院校	815	1828	430
民族院校	92	774	528
总计	28 074	68 226	34 898

表6–17　不同规格普通高校创新创业教育情况（2017年）

高校规格	学校开设的创业课程数（门）	在校生创业项目数（正式立项或注册）（个）	国家级大学生创新创业训练计划立项项目数（个）
本科	20 031	52 527	34 387
其中：独立学院	2208	5613	877
专科	8043	15 699	511
总计	28 074	68 226	34 898

表6–18　不同隶属普通高校创新创业教育情况（2017年）

高校隶属	高校开设的创业课程数（门）	在校生创业项目数（正式立项或注册）（个）	国家级大学生创新创业训练计划立项项目数（个）
中央	3205	7695	11 491
教育部	2838	6208	9214
其他部门	367	1487	2277

续表

高校隶属	高校开设的创业课程数（门）	在校生创业项目数（正式立项或注册）（个）	国家级大学生创新创业训练计划立项项目数（个）
地方	19 291	45 837	20 261
教育部门	15 705	36 730	19 080
其他部门	3504	8882	1178
地方企业	82	225	3
民办	5578	14 694	3146
总计	28 074	68 226	34 898

表6-19　按“双一流”建设项目分普通高校创新创业教育情况（2017年）

高校分类	学校开设的创业课程数（门）	在校生创业项目数（正式立项或注册）（个）	国家级大学生创新创业训练计划立项项目数（个）
“世界一流大学”建设高校	1806	4003	6321
“世界一流学科”建设高校	1526	3571	3952
其他高校	24 742	60 652	24 625
总计	28 074	68 226	34 898

表6-20　不同地区普通高校创新创业教育情况（2017年）

地区	学校开设的创业课程数（门）	在校生创业项目数（正式立项或注册）（个）	国家级大学生创新创业训练计划立项项目数（个）
北　京	900	3156	3218
天　津	947	1698	807
河　北	770	2504	1288
内蒙古	328	601	84
辽　宁	1501	3527	1580
吉　林	501	2139	1645
黑龙江	716	1613	1109
上　海	837	1709	1618
江　苏	2177	3583	1679
浙　江	3011	5426	1055
安　徽	816	2710	2890
福　建	2742	3163	1154
江　西	720	2256	545
山　东	2187	3273	2772

续表

地区	学校开设的创业课程数（门）	在校生创业项目数（正式立项或注册）（个）	国家级大学生创新创业训练计划立项项目数（个）
河　南	942	3902	639
湖　北	884	3389	1950
湖　南	939	2770	1063
广　东	2368	4862	1622
广　西	556	2031	1452
海　南	97	618	142
重　庆	462	2172	185
四　川	935	4188	2236
贵　州	293	1269	567
云　南	422	1315	432
西　藏	19	60	115
陕　西	1133	2549	2454
甘　肃	637	1179	225
青　海	46	101	11
宁　夏	66	156	123
新　疆	122	307	238
总　计	28 074	68 226	34 898

（二）师资队伍与社会服务

1. 专任教师实践经历情况

表6-21　不同类型普通高校专任教师实践经历（2017年）

单位：%

高校类型	高校专任教师中双师型教师占比	具有累计2年以上企业工作经验的专任教师占比	学校派去企业实践锻炼累计3个月及以上的专任教师占比
综合大学	26.5	11.1	7.5
理工院校	30.2	14.7	10.4
农业院校	22.1	8.5	10.3
林业院校	33.4	17.1	10.4
医药院校	27.8	9.3	4.4

续表

高校类型	高校专任教师中双师型教师占比	具有累计2年以上企业工作经验的专任教师占比	学校派去企业实践锻炼累计3个月及以上的专任教师占比
师范院校	16.8	4.9	3.8
语文院校	19.1	12.5	6.6
财经院校	26.2	12.1	7.0
政法院校	27.1	6.9	5.6
体育院校	16.0	4.4	2.1
艺术院校	25.7	15.5	8.0
民族院校	16.8	3.3	1.4
总计	26.4	11.5	7.8

表6-22　不同规格普通高校专任教师实践经历（2017年）

单位：%

高校规格	学校专任教师中双师型教师占比	具有累计2年以上企业工作经验的专任教师占比	学校派去企业实践锻炼累计3个月及以上的专任教师占比
本科	17.5	8.0	4.7
其中：独立学院	13.6	9.9	3.9
专科	49.6	20.5	16.0
总计	26.4	11.5	7.8

表6-23　不同隶属普通高校专任教师实践经历（2017年）

单位：%

高校隶属	学校专任教师中双师型教师占比	具有累计2年以上企业工作经验的专任教师占比	学校派去企业实践锻炼累计3个月及以上的专任教师占比
中央	12.7	4.6	2.9
教育部	11.2	5.1	3.1
其他部门	18.8	2.7	2.3
地方	29.5	11.5	8.7
教育部门	25.3	10.0	7.3
其他部门	45.6	17.2	13.9
地方企业	55.7	25.1	18.9
民办	23.6	15.9	7.7
总计	26.4	11.5	7.8

表6–24　按“双一流”建设项目分普通高校专任教师实践经历（2017年）

单位：%

高校分类	学校专任教师中双师型教师占比	具有累计2年以上企业工作经验的专任教师占比	学校派去企业实践锻炼累计3个月及以上的专任教师占比
“世界一流大学”建设高校	10.9	4.0	2.5
“世界一流学科”建设高校	14.1	6.1	2.4
其他高校	28.5	12.5	8.6
总计	26.4	11.5	7.8

表6–25　不同地区普通高校专任教师实践经历（2017年）

单位：%

地区	学校专任教师中双师型教师占比	具有累计2年以上企业工作经验的专任教师占比	学校派去企业实践锻炼累计3个月及以上的专任教师占比
北　京	14.4	6.2	6.9
天　津	23.4	16.3	8.1
河　北	24.9	9.0	8.1
内蒙古	27.6	8.6	4.0
辽　宁	28.4	11.9	4.3
吉　林	22.9	9.4	4.4
黑龙江	27.2	8.8	5.8
上　海	20.8	11.5	5.2
江　苏	28.9	12.8	10.3
浙　江	38.8	14.9	11.3
安　徽	22.0	12.2	7.9
福　建	36.3	14.1	11.4
江　西	28.4	11.6	9.9
山　东	27.4	10.1	8.1
河　南	25.4	9.1	8.6
湖　北	24.5	13.9	9.1
湖　南	33.8	13.7	11.8
广　东	28.7	17.8	7.2
广　西	27.3	11.8	4.8
海　南	21.9	8.1	6.1
重　庆	31.3	18.6	11.8

续表

地区	学校专任教师中双师型教师占比	具有累计2年以上企业工作经验的专任教师占比	学校派去企业实践锻炼累计3个月及以上的专任教师占比
四　川	26.0	11.7	6.7
贵　州	25.2	7.3	6.6
云　南	22.2	10.4	5.2
西　藏	13.6	1.2	11.0
陕　西	21.9	7.7	6.1
甘　肃	19.4	5.9	5.3
青　海	29.2	9.6	6.6
宁　夏	21.1	9.9	6.0
新　疆	27.3	7.4	11.2
总　计	26.4	11.5	7.8

2. 校聘兼职教师情况

表6–26　不同类型普通高校校聘兼职教师情况（2017年）

高校类型	学校拥有外聘兼职教师（校聘）总数（人）	其中：来自企业、行业的教师占比（%）	其中：来自境外的教师占比（%）
综合大学	106 589	57.1	6.2
理工院校	138 550	64.1	4.6
农业院校	13 480	59.4	13.1
林业院校	2773	69.4	3.3
医药院校	41 305	63.9	2.0
师范院校	27 701	44.8	6.0
语文院校	5763	39.6	16.8
财经院校	36 856	51.5	4.6
政法院校	4304	65.0	1.5
体育院校	1355	46.4	2.5
艺术院校	10 103	50.2	6.2
民族院校	2999	34.2	3.4
总计	391 778	58.5	5.3

表6-27　不同规格普通高校校聘兼职教师情况（2017年）

高校规格	学校拥有外聘兼职教师（校聘）总数（人）	其中：来自企业、行业的教师占比（%）	其中：来自境外的教师占比（%）
本科	236 859	43.4	8.1
其中：独立学院	35 048	30.2	2.1
专科	154 919	81.5	1.0
总计	391 778	58.5	5.3

表6-28　不同隶属普通高校校聘兼职教师情况（2017年）

高校隶属	学校拥有外聘兼职教师（校聘）总数（人）	其中：来自企业、行业的教师占比（%）	其中：来自境外的教师占比（%）
中央	32 383	41.1	19.0
教育部	25 473	40.8	17.0
其他部门	6910	42.3	26.3
地方	273 770	65.6	4.6
教育部门	200 342	60.8	5.9
其他部门	68 609	78.3	1.2
地方企业	4819	86.1	0.2
民办	85 625	42.3	2.2
总计	391 778	58.5	5.3

表6-29　按“双一流”建设项目分普通高校校聘兼职教师情况（2017年）

高校分类	学校拥有外聘兼职教师（校聘）总数（人）	其中：来自企业、行业的教师占比（%）	其中：来自境外的教师占比（%）
“世界一流大学”建设高校	16 953	32.2	25.2
“世界一流学科”建设高校	16 255	40.1	15.1
其他高校	358 570	60.6	3.9
总计	391 778	58.5	5.3

表6-30 不同地区普通高校校聘兼职教师情况（2017年）

地区	学校拥有外聘兼职教师（校聘）总数（人）	其中：来自企业、行业的教师占比（%）	其中：来自境外的教师占比（%）
北 京	11 024	48.5	11.5
天 津	9243	55.1	6.1
河 北	13 587	66.7	2.3
内蒙古	5559	48.5	2.2
辽 宁	12 548	61.8	5.5
吉 林	7338	45.3	6.8
黑龙江	9025	65.6	5.0
上 海	15 271	42.3	11.5
江 苏	32 417	65.9	4.6
浙 江	22 996	60.8	6.9
安 徽	16 160	45.5	2.7
福 建	19 242	45.2	4.6
江 西	11 560	61.3	2.2
山 东	25 048	68.4	4.2
河 南	16 212	50.2	9.5
湖 北	17 828	58.7	5.0
湖 南	13 920	64.5	5.3
广 东	35 376	74.0	3.9
广 西	12 039	60.7	2.3
海 南	3544	37.3	6.9
重 庆	10 536	63.4	4.7
四 川	20 198	54.1	4.2
贵 州	4480	57.5	4.2
云 南	11 397	60.3	3.4
西 藏	278	43.5	2.5
陕 西	22 865	51.0	9.1
甘 肃	5453	62.9	3.3
青 海	1094	62.1	2.6
宁 夏	1439	47.9	2.2
新 疆	4101	44.3	0.9
总 计	391 778	58.5	5.3

3.学校服务企业情况

表6-31　不同类型普通高校学校服务企业情况（2017年）

高校类型	企业、行业外聘兼职教师授课的课时总数（课时）	专任教师参与企业技术咨询和技术服务的数量（人次）	学校承接企业员工培训数（人次）	其中：为第二产业培训企业员工数（人次）	其中：为第三产业培训企业员工数（人次）
综合大学	5 071 519	126 026	2 094 623	625 331	1 360 991
理工院校	8 954 662	186 751	4 457 702	2 013 552	2 336 550
农业院校	772 296	58 185	203 791	39 592	62 257
林业院校	231 214	2581	28 875	8312	10 316
医药院校	1 282 800	14 069	489 396	15 558	484 306
师范院校	909 712	46 051	477 442	40 756	433 421
语文院校	183 708	4253	38 941	4183	34 851
财经院校	2 198 346	36 421	676 409	80 082	579 766
政法院校	128 861	1733	38 589	8217	29 277
体育院校	68 294	266	20 414	0	20 414
艺术院校	1 149 437	4636	83 260	20 338	62 170
民族院校	110 803	1106	2219	936	1134
总计	21 061 652	482 078	8 611 661	2 856 857	5 415 453

表6-32　不同规格普通高校学校服务企业情况（2017年）

高校规格	企业、行业外聘兼职教师授课的课时总数（课时）	专任教师参与企业技术咨询和技术服务的数量（人次）	学校承接企业员工培训数（人次）	其中：为第二产业培训企业员工数（人次）	其中：为第三产业培训企业员工数（人次）
本科	5 531 278	262 821	1 862 676	550 305	1 212 068
其中：独立学院	1 217 510	6681	51 498	20 749	30 346
专科	15 530 374	219 257	6 748 985	2 306 552	4 203 385
总计	21 061 652	482 078	8 611 661	2 856 857	5 415 453

表6-33　不同隶属普通高校学校服务企业情况（2017年）

高校隶属	企业、行业外聘兼职教师授课的课时总数（课时）	专任教师参与企业技术咨询和技术服务的数量（人次）	学校承接企业员工培训数（人次）	其中：为第二产业培训企业员工数（人次）	其中：为第三产业培训企业员工数（人次）
中央	417 048	62 699	407 240	136 809	253 668
教育部	135 116	57 204	353 347	121 727	219 026
其他部门	281 932	5495	53 893	15 082	34 642
地方	16 993 844	374 816	7 013 515	2 527 828	4 172 834
教育部门	9 918 942	265 135	4 008 240	1 268 526	2 594 413
其他部门	6 638 653	105 807	2 531 201	878 061	1 485 688
地方企业	436 249	3874	474 074	381 241	92 733
民办	3 650 760	44 563	1 190 906	192 220	988 951
总计	21 061 652	482 078	8 611 661	2 856 857	5 415 453

表6-34　按“双一流”建设项目分普通高校学校服务企业情况（2017年）

高校分类	企业、行业外聘兼职教师授课的课时总数（课时）	专任教师参与企业技术咨询和技术服务的数量（人次）	学校承接企业员工培训数（人次）	其中：为第二产业培训企业员工数（人次）	其中：为第三产业培训企业员工数（人次）
“世界一流大学”建设高校	76 565	35 206	235 355	65 102	164 075
“世界一流学科”建设高校	155 206	25 397	177 438	82 393	89 209
其他高校	20 829 881	421 475	8 198 868	2 709 362	5 162 169
总计	21 061 652	482 078	8 611 661	2 856 857	5 415 453

表6-35　不同地区普通高校学校服务企业情况（2017年）

地区	企业、行业外聘兼职教师授课的课时总数（课时）	专任教师参与企业技术咨询和技术服务的数量（人次）	学校承接企业员工培训数（人次）	其中：为第二产业培训企业员工数（人次）	其中：为第三产业培训企业员工数（人次）
北　京	289 110	26 692	302 658	74 563	205 612
天　津	557 778	26 984	144 683	61 331	69 126
河　北	1 026 024	48 215	347 585	186 131	153 120
内蒙古	297 297	4519	79 358	35 891	33 041
辽　宁	487 827	10 240	108 711	39 332	65 910

续表

地区	企业、行业外聘兼职教师授课的课时总数（课时）	专任教师参与企业技术咨询和技术服务的数量（人次）	学校承接企业员工培训数（人次）	其中：为第二产业培训企业员工数（人次）	其中：为第三产业培训企业员工数（人次）
吉　林	341 084	5768	41 677	7947	27 983
黑龙江	460 828	13 262	270 800	210 044	50 304
上　海	448 204	9542	227 611	68 843	154 912
江　苏	2 087 237	60 462	668 133	238 040	374 884
浙　江	1 341 108	45 316	907 972	204 835	690 218
安　徽	694 542	8901	213 200	106 725	80 523
福　建	585 315	30 280	425 712	110 180	297 752
江　西	648 807	11 068	97 203	55 518	34 798
山　东	1 784 410	17 090	684 194	209 764	403 851
河　南	916 602	15 101	248 193	75 612	222 002
湖　北	1 141 180	38 848	390 477	97 245	266 123
湖　南	771 061	8501	262 650	139 880	113 224
广　东	2 179 876	19 068	1 715 393	218 003	1 482 558
广　西	774 167	7515	177 472	72 716	101 947
海　南	122 754	733	43 302	3790	37 400
重　庆	405 751	7849	93 762	56 980	35 624
四　川	958 516	19 668	296 349	159 796	127 855
贵　州	308 161	4614	186 439	52 598	125 053
云　南	649 205	6151	62 954	22 288	36 601
西　藏	4384	230	1295	1070	325
陕　西	1 118 786	29 073	292 708	112 410	155 849
甘　肃	368 671	1989	117 753	87 237	23 401
青　海	33 918	284	9923	8807	1116
宁　夏	55 453	3193	116 174	111 332	5318
新　疆	203 597	922	77 320	27 949	39 023
总　计	21 061 652	482 078	8 611 661	2 856 857	5 415 453

（三）产学研合作的科研创新

1. 校企合作申报纵向科研项目情况

表6-36　不同类型普通高校与企业合作申报纵向科研项目情况（2017年）

高校类型	学校与企业合作申报获得纵向科研项目立项数（个）	学校与企业合作申报获得纵向科研项目立项金额（万元）	学校与企业合作申报获得纵向科研项目的当年实际收入（万元）
综合大学	4090	366 486.4	176 365.1
理工院校	8544	813 558.3	320 881.6
农业院校	1124	151 904.9	63 183.6
林业院校	150	16 009.4	8158.3
医药院校	469	49 894.5	18 194.5
师范院校	794	32 516.6	19 178.7
语文院校	191	1747.5	1233.5
财经院校	413	9271.9	3274.5
政法院校	107	2154.4	1305.3
体育院校	8	295.0	44.0
艺术院校	105	800.1	390.7
民族院校	26	4549.6	1997.7
总计	16 021	1 449 188.6	614 207.6

表6-37　不同规格普通高校与企业合作申报纵向科研项目情况（2017年）

高校规格	学校与企业合作申报获得纵向科研项目立项数（个）	学校与企业合作申报获得纵向科研项目立项金额（万元）	学校与企业合作申报获得纵向科研项目的当年实际收入（万元）
本科	12 676	1 419 339.0	592 088.7
其中：独立学院	159	1647.5	911.1
专科	3345	29 849.6	22 118.9
总计	16 021	1 449 188.6	614 207.6

表6-38　不同隶属普通高校与企业合作申报纵向科研项目情况（2017年）

高校隶属	学校与企业合作申报获得纵向科研项目立项数（个）	学校与企业合作申报获得纵向科研项目立项金额（万元）	学校与企业合作申报获得纵向科研项目的当年实际收入（万元）
中央	4270	949 829.7	354 329.0
教育部	3374	807 002.1	300 966.9
其他部门	896	142 827.6	53 362.1
地方	10 886	484 422.0	247 269.9
教育部门	9097	459 502.4	231 773.7
其他部门	1759	24 675.0	15 372.3
地方企业	30	244.6	123.9
民办	865	14 937.0	12 608.7
总计	16 021	1 449 188.6	614 207.6

表6-39　按“双一流”建设项目分普通高校与企业合作申报纵向科研项目情况（2017年）

高校分类	学校与企业合作申报获得纵向科研项目立项数（个）	学校与企业合作申报获得纵向科研项目立项金额（万元）	学校与企业合作申报获得纵向科研项目的当年实际收入（万元）
“世界一流大学”建设高校	2495	602 609.4	233 491.7
“世界一流学科”建设高校	1570	356 949.8	113 147.3
其他高校	11 956	489 629.4	267 568.5
总计	16 021	1 449 188.6	614 207.6

表6-40　不同地区普通高校与企业合作申报纵向科研项目情况（2017年）

地区	学校与企业合作申报获得纵向科研项目立项数（个）	学校与企业合作申报获得纵向科研项目立项金额（万元）	学校与企业合作申报获得纵向科研项目的当年实际收入（万元）
北　京	1230	277 592.1	92 919.8
天　津	289	28 392.3	9221.7
河　北	520	5725.0	3704.6
内蒙古	156	11 598.4	4585.1
辽　宁	483	56 924.7	30 327.2
吉　林	564	23 313.2	16 620.1

续表

地区	学校与企业合作申报获得纵向科研项目立项数（个）	学校与企业合作申报获得纵向科研项目立项金额（万元）	学校与企业合作申报获得纵向科研项目的当年实际收入（万元）
黑龙江	265	60 081.7	20 063.2
上　海	561	149 643.3	32 318.7
江　苏	2260	112 509.8	61 498.4
浙　江	857	71 192.7	29 398.7
安　徽	333	24 282.2	9894.5
福　建	822	20 597.0	8589.4
江　西	167	7341.4	3932.1
山　东	983	47 781.2	35 830.7
河　南	822	11 176.2	5817.8
湖　北	725	97 223.5	34 148.4
湖　南	636	21 288.5	12 580.7
广　东	1223	152 390.9	91 559.0
广　西	279	19 923.2	9461.4
海　南	24	907.5	444.6
重　庆	204	9859.5	5936.8
四　川	1034	81 424.8	34 489.5
贵　州	229	7899.4	8831.1
云　南	91	4815.9	1807.6
西　藏	11	800.0	390.3
陕　西	947	120 867.7	43 698.2
甘　肃	188	3321.9	3187.2
青　海	31	18 080.9	2155.0
宁　夏	30	474.3	151.8
新　疆	57	1759.4	643.9
总　计	16 021	1 449 188.6	614 207.6

2.校企合作科研情况

表6–41 不同类型普通高校校企合作科研情况（2017年）

高校类型	学校拥有与企业共建研发机构数（包括实验室、研究中心等）（个）	与企业共同发表科技论文数占比（%）	与企业共同获得的发明专利授权数占比（%）
综合大学	4396	4.2	12.4
理工院校	6791	7.7	14.3
农业院校	391	4.7	9.7
林业院校	29	6.4	8.4
医药院校	365	3.1	8.4
师范院校	860	3.8	4.9
语文院校	33	34.9	51.2
财经院校	436	12.0	12.0
政法院校	44	6.7	18.2
体育院校	19	3.5	50.0
艺术院校	159	34.2	1.8
民族院校	43	3.8	6.3
总计	13 566	5.7	12.6

表6–42 不同规格普通高校校企合作科研情况（2017年）

高校规格	学校拥有与企业共建研发机构数（包括实验室、研究中心等）（个）	与企业共同发表科技论文数占比（%）	与企业共同获得的发明专利授权数占比（%）
本科	10 432	5.0	13.1
其中：独立学院	474	6.0	6.5
专科	3134	14.7	10.4
总计	13 566	5.7	12.6

表6-43　不同隶属普通高校校企合作科研情况（2017年）

高校隶属	学校拥有与企业共建研发机构数（包括实验室、研究中心等）（个）	与企业共同发表科技论文数占比（%）	与企业共同获得的发明专利授权占比（%）
中央	2473	3.4	31.9
教育部	1994	3.4	32.4
其他部门	479	3.4	27.1
地方	9851	7.2	8.8
教育部门	8160	6.9	8.8
其他部门	1640	11.4	8.4
地方企业	51	16.2	18.5
民办	1242	9.3	11.1
总计	13 566	5.7	12.6

表6-44　按“双一流”建设项目分普通高校校企合作科研情况（2017年）

高校分类	学校拥有与企业共建研发机构数（包括实验室、研究中心等）（个）	与企业共同发表科技论文数占比（%）	与企业共同获得的发明专利授权数占比（%）
“世界一流大学”建设高校	1282	3.1	41.1
“世界一流学科”建设高校	1162	6.6	22.8
其他高校	11 122	6.8	8.3
总计	13 566	5.7	12.6

表6-45　不同地区普通高校校企合作科研情况（2017年）

地区	学校拥有与企业共建研发机构数（包括实验室、研究中心等）（个）	与企业共同发表科技论文数占比（%）	与企业共同获得的发明专利授权数占比（%）
北　京	433	5.4	81.6
天　津	280	14.2	11.2
河　北	604	6.0	6.9
内蒙古	53	3.6	5.2
辽　宁	374	5.7	22.2

续表

地区	学校拥有与企业共建研发机构数（包括实验室、研究中心等）（个）	与企业共同发表科技论文数占比（%）	与企业共同获得的发明专利授权数占比（%）
吉　林	204	6.7	5.6
黑龙江	461	2.0	3.0
上　海	413	2.8	40.0
江　苏	2438	6.2	11.9
浙　江	1290	5.7	7.7
安　徽	429	4.6	4.3
福　建	449	5.9	15.7
江　西	241	4.0	7.4
山　东	986	4.4	9.9
河　南	641	10.5	8.0
湖　北	723	4.7	10.2
湖　南	392	4.3	10.5
广　东	868	4.9	16.9
广　西	176	4.4	7.4
海　南	53	6.0	1.9
重　庆	283	6.5	6.3
四　川	777	11.7	14.0
贵　州	106	5.6	6.4
云　南	101	5.1	3.4
西　藏	19	3.2	15.4
陕　西	553	5.4	15.2
甘　肃	130	3.8	8.1
青　海	8	0.8	34.7
宁　夏	29	1.9	12.7
新　疆	52	8.2	12.0
总　计	13 566	5.7	12.6

3. 参与创新战略联盟情况

表6–46 不同类型普通高校参与创新战略联盟情况（2017年）

单位：个

高校类型	学校参与国家产业技术创新战略联盟数	学校参与省级产业技术创新战略联盟数
综合大学	164	554
理工院校	293	918
农业院校	174	288
林业院校	0	5
医药院校	16	70
师范院校	9	97
语文院校	1	3
财经院校	12	70
政法院校	1	7
体育院校	2	6
艺术院校	0	8
民族院校	1	3
总计	673	2029

表6–47 不同规格普通高校参与创新战略联盟情况（2017年）

单位：个

高校规格	学校参与国家产业技术创新战略联盟数	学校参与省级产业技术创新战略联盟数
本科	598	1759
其中：独立学院	14	32
专科	75	270
总计	673	2029

表6-48 不同隶属普通高校参与创新战略联盟情况（2017年）

单位：个

高校隶属	学校参与国家产业技术创新战略联盟数	学校参与省级产业技术创新战略联盟数
中央	251	443
教育部	219	396
其他部门	32	47
地方	391	1483
教育部门	350	1349
其他部门	40	133
地方企业	1	1
民办	31	103
总计	673	2029

表6-49 按“双一流”建设项目分普通高校参与创新战略联盟情况（2017年）

单位：个

高校分类	学校参与国家产业技术创新战略联盟数	学校参与省级产业技术创新战略联盟数
“世界一流大学”建设高校	184	308
“世界一流学科”建设高校	60	118
其他高校	429	1603
总计	673	2029

表6-50 不同地区普通高校参与创新战略联盟情况（2017年）

单位：个

地区	学校参与国家产业技术创新战略联盟数	学校参与省级产业技术创新战略联盟数
北　京	60	53
天　津	92	167
河　北	27	64
内蒙古	4	6
辽　宁	17	208
吉　林	25	37

续表

地区	学校参与国家产业技术创新战略联盟数	学校参与省级产业技术创新战略联盟数
黑龙江	36	40
上　海	19	25
江　苏	54	472
浙　江	80	66
安　徽	7	64
福　建	12	34
江　西	9	26
山　东	26	60
河　南	54	76
湖　北	28	44
湖　南	20	33
广　东	11	235
广　西	7	24
海　南	1	3
重　庆	11	38
四　川	14	49
贵　州	7	23
云　南	11	28
西　藏	2	3
陕　西	32	122
甘　肃	0	16
青　海	5	6
宁　夏	0	3
新　疆	2	4
总　计	673	2029

4.企业委托科研项目情况

表6-51　企业委托不同类型普通高校科研项目情况（2017年）

高校类型	企业委托科研项目数（个）	委托科研项目的企业数（个）	承担企业委托科研项目的专任教师数（人）	企业委托科研项目合同金额（万元）	企业委托科研项目当年实际收入（万元）
综合大学	41 381	31 221	35 424	1 703 888.2	1 221 192.8
理工院校	68 078	49 981	58 239	2 345 200.2	1 700 955.8
农业院校	6065	4666	2787	98 015.0	67 264.1
林业院校	860	696	1243	16 578.7	10 663.7
医药院校	2227	1696	1810	107 166.3	47 807.1
师范院校	6131	5056	8059	127 225.3	89 502.5
语文院校	423	361	463	5226.1	4653.9
财经院校	3289	2884	4255	70 319.4	63 689.8
政法院校	177	157	298	2870.8	2218.9
体育院校	26	21	33	210.6	252.2
艺术院校	522	403	564	15 486.4	8948.8
民族院校	303	266	678	4507.3	2420.2
总计	129 482	97 408	113 853	4 496 694.2	3 219 569.9

表6-52　企业委托不同规格普通高校科研项目情况（2017年）

高校规格	企业委托科研项目数（个）	委托科研项目的企业数（个）	承担企业委托科研项目的专任教师数（人）	企业委托科研项目合同金额（万元）	企业委托科研项目当年实际收入（万元）
本科	121 486	90 466	99 070	4 422 994.9	3 158 036.5
其中：独立学院	1547	1231	1498	24 898.0	17 983.2
专科	7996	6942	14 783	73 699.3	61 533.4
总计	129 482	97 408	113 853	4 496 694.2	3 219 569.9

表6-53　企业委托不同隶属普通高校科研项目情况（2017年）

高校隶属	企业委托科研项目数（个）	委托科研项目的企业数（个）	承担企业委托科研项目的专任教师数（人）	企业委托科研项目合同金额（万元）	企业委托科研项目当年实际收入（万元）
中央	53 280	36 890	34 868	2 724 348.4	1 972 051.9
教育部	45 599	31 830	29 678	2 077 968.1	1 497 762.0
其他部门	7681	5060	5190	646 380.3	474 289.9
地方	71 779	56 877	72 613	1 712 335.5	1 199 823.4
教育部门	67 864	53 585	65 580	1 662 651.3	1 163 389.5
其他部门	3845	3242	6647	49 185.1	35 681.3
地方企业	70	50	386	499.1	752.6
民办	4423	3641	6372	60 010.3	47 694.7
总计	129 482	97 408	113 853	4 496 694.2	3 219 569.9

表6-54　企业委托按“双一流”建设项目分普通高校科研项目情况（2017年）

高校分类	企业委托科研项目数（个）	委托科研项目的企业数（个）	承担企业委托科研项目的专任教师数（人）	企业委托科研项目合同金额（万元）	企业委托科研项目当年实际收入（万元）
“世界一流大学”建设高校	35 476	24 420	21 088	2 038 768.8	1 469 957.3
“世界一流学科”建设高校	18 274	13 205	15 147	663 539.7	496 493.4
其他高校	75 732	59 783	77 618	1 794 385.7	1 253 119.2
总计	129 482	97 408	113 853	4 496 694.2	3 219 569.9

表6-55　企业委托不同地区普通高校科研项目情况（2017年）

地区	企业委托科研项目数（个）	委托科研项目的企业数（个）	承担企业委托科研项目的专任教师数（人）	企业委托科研项目合同金额（万元）	企业委托科研项目当年实际收入（万元）
北　京	12 921	10 666	9955	439 394.8	388 623.0
天　津	3677	3008	2878	99 699.6	44 782.5
河　北	2225	1609	2693	45 897.2	35 235.5
内蒙古	503	458	900	9452.2	7864.4
辽　宁	5178	3821	4386	179 569.8	150 622.9

续表

地区	企业委托科研项目数（个）	委托科研项目的企业数（个）	承担企业委托科研项目的专任教师数（人）	企业委托科研项目合同金额（万元）	企业委托科研项目当年实际收入（万元）
吉　林	1745	1322	3435	59 715.0	33 049.1
黑龙江	4144	2454	3283	384 669.1	219 157.6
上　海	11 389	8462	6176	742 122.7	388 917.6
江　苏	15 374	11 583	12 440	530 194.7	404 867.8
浙　江	9503	7722	7893	257 035.8	197 690.6
安　徽	3135	2404	2896	69 343.9	52 162.1
福　建	3287	2453	3857	82 732.0	61 551.1
江　西	1903	1222	3463	40 213.2	30 235.0
山　东	6293	4236	6009	206 050.8	134 466.1
河　南	2290	2016	4377	66 635.0	52 546.5
湖　北	9134	7040	7384	252 668.3	168 401.1
湖　南	3363	2911	4015	83 646.1	68 795.6
广　东	9520	7194	6869	300 920.3	248 006.5
广　西	1290	1132	1243	21 700.5	16 761.2
海　南	123	126	71	3691.0	3379.6
重　庆	2300	2012	1743	47 237.7	40 399.0
四　川	6201	3712	5825	169 357.0	191 005.6
贵　州	1143	931	1375	16 579.9	14 487.4
云　南	853	745	994	13 724.7	7342.6
西　藏	20	20	44	787.0	142.0
陕　西	10 449	7185	7487	362 242.8	251 658.9
甘　肃	1121	645	1309	3616.2	3126.1
青　海	107	71	377	1558.3	1196.8
宁　夏	76	65	138	607.5	321.1
新　疆	215	183	338	5631.1	2774.6
总　计	129 482	97 408	113 853	4 496 694.2	3 219 569.9

（四）创新技术转移与成果转化

1.学校专门设置技术转化机构情况

表6-56　不同类型普通高校专门设置技术转化机构情况（2017年）

高校类型	学校专门设置技术转化机构数（个）	学校专门设置技术转化机构专职工作人员数（人）	学校专门设置技术转化机构兼职工作人员数（人）
综合大学	360	1738	3524
理工院校	600	3327	5515
农业院校	60	334	654
林业院校	10	35	69
医药院校	87	322	354
师范院校	117	345	1003
语文院校	24	49	40
财经院校	69	214	584
政法院校	15	118	81
体育院校	8	23	27
艺术院校	40	78	122
民族院校	4	14	12
总计	1394	6597	11 985

表6-57　不同规格普通高校专门设置技术转化机构情况（2017年）

高校规格	学校专门设置技术转化机构数（个）	学校专门设置技术转化机构专职工作人员数（人）	学校专门设置技术转化机构兼职工作人员数（人）
本科	957	5307	9572
其中：独立学院	63	155	249
专科	437	1290	2413
总计	1394	6597	11 985

表6-58　不同隶属普通高校专门设置技术转化机构情况（2017年）

高校隶属	学校专门设置技术转化机构数（个）	学校专门设置技术转化机构专职工作人员数（人）	学校专门设置技术转化机构兼职工作人员数（人）
中央	182	2089	2300
教育部	139	1652	2174
其他部门	43	437	126
地方	1014	3931	8877
教育部门	792	3134	7345
其他部门	211	757	1494
地方企业	11	40	38
民办	198	577	808
总计	1394	6597	11 985

表6-59　按“双一流”建设项目分普通高校专门设置技术转化机构情况（2017年）

高校分类	学校专门设置技术转化机构数（个）	学校专门设置技术转化机构专职工作人员数（人）	学校专门设置技术转化机构兼职工作人员数（人）
“世界一流大学”建设高校	134	1479	2700
“世界一流学科”建设高校	65	575	840
其他高校	1195	4543	8445
总计	1394	6597	11 985

表6-60　不同地区普通高校专门设置技术转化机构情况（2017年）

地区	学校专门设置技术转化机构数（个）	学校专门设置技术转化机构专职工作人员数（人）	学校专门设置技术转化机构兼职工作人员数（人）
北　京	62	502	276
天　津	31	153	890
河　北	31	155	245
内蒙古	12	50	35
辽　宁	63	254	393
吉　林	45	187	337
黑龙江	43	371	364

续表

地区	学校专门设置技术转化机构数（个）	学校专门设置技术转化机构专职工作人员数（人）	学校专门设置技术转化机构兼职工作人员数（人）
上　海	29	144	198
江　苏	99	808	2095
浙　江	125	361	610
安　徽	44	150	263
福　建	68	182	348
江　西	40	139	274
山　东	71	261	601
河　南	55	306	1421
湖　北	52	258	246
湖　南	46	121	340
广　东	105	577	787
广　西	25	115	109
海　南	4	28	33
重　庆	40	158	264
四　川	78	297	521
贵　州	21	89	99
云　南	23	107	218
西　藏	1	1	8
陕　西	137	721	465
甘　肃	24	56	469
青　海	3	4	4
宁　夏	5	14	23
新　疆	12	28	49
总　计	1394	6597	11 985

2.学校专门设置技术转化网站情况

表6-61　不同类型普通高校专门设置技术转化网站情况（2017年）

高校类型	学校专门设置技术转化网站数（个）
综合大学	212
理工院校	347
农业院校	55
林业院校	5
医药院校	41
师范院校	55
语文院校	13
财经院校	38
政法院校	4
体育院校	3
艺术院校	12
民族院校	3
总计	788

表6-62　不同规格普通高校专门设置技术转化网站情况（2017年）

高校规格	学校专门设置技术转化网站数（个）
本科	584
其中：独立学院	24
专科	204
总计	788

表6-63　不同隶属普通高校专门设置技术转化网站情况（2017年）

高校隶属	学校专门设置技术转化网站数（个）
中央	121
教育部	106
其他部门	15
地方	580
教育部门	485

续表

高校隶属	学校专门设置技术转化网站数（个）
其他部门	93
地方企业	2
民办	87
总计	788

表6-64　按“双一流”建设项目分普通高校专门设置技术转化网站情况（2017年）

高校分类	学校专门设置技术转化网站数（个）
“世界一流大学”建设高校	86
“世界一流学科”建设高校	51
其他高校	651
总计	788

表6-65　不同地区普通高校专门设置技术转化网站情况（2017年）

地区	学校专门设置技术转化网站数（个）
北　京	43
天　津	19
河　北	26
内蒙古	7
辽　宁	33
吉　林	25
黑龙江	23
上　海	20
江　苏	80
浙　江	44
安　徽	22
福　建	38
江　西	29
山　东	42
河　南	40
湖　北	36
湖　南	30

续表

地区	学校专门设置技术转化网站数（个）
广　东	52
广　西	9
海　南	2
重　庆	23
四　川	44
贵　州	9
云　南	7
西　藏	0
陕　西	69
甘　肃	14
青　海	0
宁　夏	0
新　疆	2
总　计	788

3.科技成果转化情况

表6-66　不同类型普通高校科技成果转化情况（2017年）

高校类型	依托本单位科技成果成立的企业数（个）	本年以本单位知识产权作价投资形式注册的企业数（个）	本年以本单位知识产权作价投资合计折价金额（万元）
综合大学	978	187	130 095.2
理工院校	2485	414	120 811.7
农业院校	192	21	5123.1
林业院校	7	0	0
医药院校	109	31	11 660.1
师范院校	359	18	1984.8
语文院校	70	2	1450.7
财经院校	75	17	3067.6
政法院校	0	0	0
体育院校	0	0	0

续表

高校类型	依托本单位科技成果成立的企业数（个）	本年以本单位知识产权作价投资形式注册的企业数（个）	本年以本单位知识产权作价投资合计折价金额（万元）
艺术院校	56	0	388.0
民族院校	13	1	150.0
总计	4344	691	274 731.2

表6–67　不同规格普通高校科技成果转化情况（2017年）

高校规格	依托本单位科技成果成立的企业数（个）	本年以本单位知识产权作价投资形式注册的企业数（个）	本年以本单位知识产权作价投资合计折价金额（万元）
本科	3948	625	270 191.2
其中： 独立学院	30	16	314.5
专科	396	66	4540.0
总计	4344	691	274 731.2

表6–68　不同隶属普通高校科技成果转化情况（2017年）

高校隶属	依托本单位科技成果成立的企业数（个）	本年以本单位知识产权作价投资形式注册的企业数（个）	本年以本单位知识产权作价投资合计折价金额（万元）
中央	925	149	160 904.2
教育部	682	116	127 453.2
其他部门	243	33	33 451.0
地方	3267	474	112 607.8
教育部门	2990	423	108 427.3
其他部门	277	51	4180.5
地方企业	0	0	0
民办	152	68	1219.2
总计	4344	691	274 731.2

表6-69　按“双一流”建设项目分普通高校科技成果转化情况（2017年）

高校分类	依托本单位科技成果成立的企业数（个）	本年以本单位知识产权作价投资形式注册的企业数（个）	本年以本单位知识产权作价投资合计折价金额（万元）
“世界一流大学”建设高校	755	113	151 860.4
“世界一流学科”建设高校	298	18	18 630.1
其他高校	3291	560	104 240.7
总计	4344	691	274 731.2

表6-70　不同地区普通高校科技成果转化情况（2017年）

地区	依托本单位科技成果成立的企业数（个）	本年以本单位知识产权作价投资形式注册的企业数（个）	本年以本单位知识产权作价投资合计折价金额（万元）
北　京	207	29	25 697.3
天　津	116	4	1065.3
河　北	89	6	10.8
内蒙古	6	0	0
辽　宁	127	38	18 213.9
吉　林	176	62	4185.7
黑龙江	382	38	14 065.1
上　海	85	16	16 723.3
江　苏	513	71	13 307.3
浙　江	392	34	7739.9
安　徽	116	17	14 950.9
福　建	93	12	2379.4
江　西	88	15	4445.3
山　东	299	171	14 467.0
河　南	225	19	3240.4
湖　北	179	37	17 607.4
湖　南	145	15	20 303.7
广　东	207	33	26 812.9
广　西	33	2	80.0
海　南	1	0	0
重　庆	162	13	2072.5

续表

地区	依托本单位科技成果成立的企业数（个）	本年以本单位知识产权作价投资形式注册的企业数（个）	本年以本单位知识产权作价投资合计折价金额（万元）
四　川	374	21	39 110.0
贵　州	39	5	5080.8
云　南	9	7	1085.3
西　藏	0	0	0
陕　西	204	16	21 827.2
甘　肃	70	10	217.9
青　海	2	0	0
宁　夏	0	0	42.0
新　疆	5	0	0
总　计	4344	691	274 731.2

七、高校教师参与创新情况

监测结果显示，2017年，在同时担任教学和科研工作的普通本科高校教师中，32.1%的人每周花20小时以上开展教学活动，22.0%的人每周花5小时以上参与社会服务活动。62.2%的教师认为科研工作对开展教学有比较大或非常大的促进作用。40.3%的教师花在科研上的精力超过50%。分别有57.5%、53.3%和13.8%的高校教师吸纳过本科生、硕士研究生和博士研究生参与科研项目，主要参与采集和整理、分析及处理数据、搜集并整理文献资料等科研工作。有58.1%的高校教师与企事业单位开展合作，共同培养学生。62.6%的高校教师参与过多学科、跨学科或交叉学科的人才培养工作，合作培养学生，56.0%的高校教师表示效果较好或很好。

2017年，有36.9%的高校教师承担横向项目（指企事业单位委托的各类科学研究、技术咨询、技术开发、技术服务等项目，以及政府部门非常规申报渠道下达的项目），17.2%的项目合同金额在10万元以上。52.4%的高校教师参与过跨学科、交叉学科或多学科合作的科研项目，31.4%的高校教师有过与国外学者合作开展科研工作的经历。

2017年，有11.2%的高校教师实现了创新成果转化，同时，26.7%的教师有创新成果需要转化。

（一）科技育人工作

1. 对科研、教学和社会服务工作的投入

表7-1 按高校类型分高校教师每周教学、科研和社会服务时间的人员分布

单位：%

活动类型	高校类型	平均每周花费相应时间的教师比例				
		5小时以下	5～12小时	13～20小时	21～30小时	30小时以上
教学	理工院校	8.8	27.7	33.2	14.7	15.5
	农林院校	6.6	26.6	35.4	15.1	16.4
	医药院校	12.4	26.2	28.9	16.1	16.4
	综合大学	9.9	29.9	31.2	13.8	15.2
	其他高校	7.4	22.9	30.7	19.5	19.4
	总计	8.9	26.9	32.0	15.7	16.4
自己的科研及学术工作	理工院校	15.8	25.6	24.4	13.2	21.0
	农林院校	13.3	24.3	23.0	13.8	25.7
	医药院校	20.0	27.6	24.1	10.5	17.8
	综合大学	14.8	24.0	21.2	12.8	27.2
	其他高校	21.4	31.6	19.7	10.1	17.2
	总计	16.9	26.6	22.6	12.3	21.7
直接指导学生的科研及创新创业活动	理工院校	36.5	39.9	14.5	3.9	5.2
	农林院校	33.0	39.9	16.4	4.0	6.7
	医药院校	43.4	32.2	14.0	4.7	5.7
	综合大学	35.8	38.2	14.3	4.0	7.7
	其他高校	46.4	35.6	10.5	3.4	4.2
	总计	38.8	37.9	13.7	3.9	5.7
社会服务	理工院校	78.3	16.2	3.5	1.0	1.0
	农林院校	78.5	15.7	3.3	0.6	1.9
	医药院校	79.3	11.9	5.5	1.6	1.7
	综合大学	76.0	17.2	3.9	0.9	2.1
	其他高校	79.0	15.4	3.6	0.8	1.2
	总计	78.1	15.8	3.8	1.0	1.4

表7-2 按高校隶属分高校教师每周教学、科研和社会服务时间的人员分布

单位：%

活动类型	高校隶属	平均每周花费相应时间的教师比例				
		5小时以下	5～12小时	13～20小时	21～30小时	30小时以上
教学	中央	13.9	35.2	30.6	10.7	9.5
	中央教育部门	12.2	35.3	31.4	11.2	9.9
	中央其他部门	18.2	35.2	28.6	9.5	8.5
	地方	8.3	26.0	32.3	16.3	17.2
	地方教育部门	8.4	26.2	32.5	16.1	16.8
	地方其他部门	6.1	18.4	26.1	19.9	29.4
	民办	4.8	16.4	22.6	24.0	32.2
	总计	8.9	26.9	32.0	15.7	16.4
自己的科研及学术工作	中央	7.6	17.1	21.3	17.1	36.9
	中央教育部门	7.8	17.5	22.3	18.6	33.9
	中央其他部门	7.2	16.4	18.8	13.5	44.1
	地方	17.9	27.7	22.9	11.7	19.8
	地方教育部门	17.4	27.5	23.0	11.9	20.2
	地方其他部门	33.8	33.2	18.9	5.1	9.0
	民办	39.7	36.3	9.6	6.2	8.2
	总计	16.9	26.6	22.6	12.3	21.7
直接指导学生的科研及创新创业活动	中央	29.6	38.7	18.3	4.9	8.4
	中央教育部门	31.7	39.1	17.6	4.4	7.2
	中央其他部门	24.6	37.7	20.1	6.0	11.6
	地方	39.8	37.8	13.2	3.8	5.4
	地方教育部门	39.1	38.1	13.4	3.9	5.5
	地方其他部门	59.6	29.2	6.6	1.0	3.6
	民办	58.2	30.8	6.8	2.7	1.4
	总计	38.8	37.9	13.7	3.9	5.7

续表

活动类型	高校隶属	平均每周花费相应时间的教师比例				
		5小时以下	5～12小时	13～20小时	21～30小时	30小时以上
社会服务	中央	76.2	17.5	4.1	0.6	1.6
	中央教育部门	74.8	18.4	4.3	0.6	2.0
	中央其他部门	79.5	15.3	3.7	0.6	0.8
	地方	78.3	15.6	3.8	1.0	1.4
	地方教育部门	78.3	15.5	3.8	1.0	1.4
	地方其他部门	76.0	16.4	3.8	1.0	2.8
	民办	81.5	13.0	3.4	1.4	0.7
	总计	78.1	15.8	3.8	1.0	1.4

表7–3　按“双一流”建设项目分高校教师每周教学、科研和社会服务时间的人员分布

单位：%

活动类型	高校分类	平均每周花费相应时间的教师比例				
		5小时以下	5～12小时	13～20小时	21～30小时	30小时以上
教学	“双一流”建设高校*	12.0	33.0	31.1	12.3	11.5
	其他高校	7.8	24.7	32.4	16.9	18.2
	总计	8.9	26.9	32.0	15.7	16.4
自己的科研及学术工作	“双一流”建设高校	10.0	21.0	21.8	15.6	31.5
	其他高校	19.5	28.6	22.8	11.0	18.1
	总计	16.9	26.6	22.6	12.3	21.7
直接指导学生的科研及创新创业活动	“双一流”建设高校	29.7	39.1	18.3	4.9	8.1
	其他高校	42.1	37.4	12.1	3.6	4.8
	总计	38.8	37.9	13.7	3.9	5.7
社会服务	“双一流”建设高校	75.3	17.7	4.3	1.0	1.6
	其他高校	79.0	15.0	3.6	1.0	1.3
	总计	78.1	15.8	3.8	1.0	1.4

*：进入“世界一流大学”及“世界一流学科”建设项目的高校简称“双一流”建设高校，以下同。

2. 对教学科研关系的态度

表7–4　按高校类型分高校教师科研工作对开展教学的促进作用

单位：%

高校类型	教师科研工作对开展教学的促进作用				
	几乎没有	比较小	一般	比较大	非常大
理工院校	2.4	8.1	24.8	42.3	22.4
农林院校	1.9	9.1	21.0	42.7	25.4
医药院校	2.5	11.6	30.2	40.0	15.7
综合大学	2.2	8.7	26.5	38.8	23.8
其他高校	3.3	11.6	27.3	38.6	19.2
总计	2.5	9.4	25.9	40.6	21.6

表7–5　按高校隶属分高校教师科研工作对开展教学的促进作用

单位：%

高校隶属	教师科研工作对开展教学的促进作用				
	几乎没有	比较小	一般	比较大	非常大
中央	1.5	4.7	22.9	43.9	27.0
中央教育部门	1.4	4.9	23.1	44.0	26.7
中央其他部门	1.9	4.3	22.6	43.5	27.7
地方	2.6	10.0	26.2	40.2	21.0
地方教育部门	2.6	9.9	26.1	40.3	21.2
地方其他部门	2.3	12.8	30.2	38.4	16.4
民办	6.2	15.1	32.9	33.6	12.3
总计	2.5	9.4	25.9	40.6	21.6

表7-6　按“双一流”建设项目分高校教师科研工作对开展教学的促进作用

单位：%

高校分类	教师科研工作对开展教学的促进作用				
	几乎没有	比较小	一般	比较大	非常大
“双一流”建设高校	2.1	6.8	22.8	42.5	25.9
其他高校	2.7	10.4	27.0	39.9	20.1
总计	2.5	9.4	25.9	40.6	21.6

表7-7　按高校类型分高校教师花在科研活动上的精力

单位：%

高校类型	教师花在科研活动上的精力					
	低于10%	10%～30%	30%～50%	50%～70%	70%～90%	高于90%
理工院校	8.9	23.9	26.2	27.6	10.9	2.5
农林院校	9.0	21.5	27.1	27.2	11.7	3.6
医药院校	9.2	27.3	25.2	25.3	10.3	2.6
综合大学	9.1	20.5	23.6	27.1	14.1	5.6
其他高校	12.8	30.2	25.1	20.7	8.3	2.9
总计	9.8	24.6	25.4	25.8	11.1	3.4

表7-8　按高校隶属分高校教师花在科研活动上的精力

单位：%

高校隶属	教师花在科研活动上的精力					
	低于10%	10%～30%	30%～50%	50%～70%	70%～90%	高于90%
中央	4.1	12.0	23.1	34.8	20.2	5.9
中央教育部门	4.1	11.6	24.6	35.9	18.8	5.0
中央其他部门	4.1	13.0	19.5	32.1	23.4	7.9
地方	10.4	26.0	25.8	24.8	10.0	3.1
地方教育部门	10.0	25.6	25.8	25.3	10.1	3.2
地方其他部门	23.3	37.6	24.0	9.5	4.3	1.3
民办	21.9	49.3	17.1	7.5	3.4	0.7
总计	9.8	24.6	25.4	25.8	11.1	3.4

表7-9 按“双一流”建设项目分高校教师花在科研活动上的精力

单位：%

高校分类	教师花在科研活动上的精力					
	低于10%	10%～30%	30%～50%	50%～70%	70%～90%	高于90%
“双一流”建设高校	5.6	15.6	22.4	32.6	18.0	5.8
其他高校	11.3	27.9	26.5	23.2	8.6	2.5
总计	9.8	24.6	25.4	25.8	11.1	3.4

表7-10 高校教师对教学与科研关系的看法

单位：%

教学与科研情况	完全不符合	比较不符合	一般	比较符合	非常符合
我认为，科研和教学工作的关系难以平衡	6.1	21.5	36.2	29.5	6.7
在工作中，我能够很好地平衡教学和科研工作	4.3	21.7	40.2	28.5	5.3
要想成为优秀的大学教师，就必须进行科研	3.8	10.2	19.6	38.4	28.0
学校对科研成果的奖励力度大于对教学的奖励力度	3.3	7.1	23.9	32.9	32.8
在职称晋升时中，科研成果比教学成果的权重更大	1.9	4.5	16.1	35.7	41.9
在同等投入的情况下，科研比教学更容易看到成效	3.8	8.8	19.6	36.5	31.4
科研成果的知识产权界定比教学成果的更加明确	1.2	3.6	16.1	45.7	33.3

表7-11 影响高校教师对科研和教学工作精力分配的因素

单位：%

影响因素	无影响	很小	较小	较大	很大
个人偏好	6.9	18.8	31.1	36.3	6.9
学科性质	4.7	11.3	29.9	44.4	9.7
学校、院系政策	2.3	7.2	25.9	45.8	18.9

续表

影响因素	无影响	很小	较小	较大	很大
国家政策导向	4.5	16.4	40.6	32.8	5.7
学生经验与学生需求	2.3	8.9	26.6	39.6	22.6
财务和人事制度	6.9	18.8	31.1	36.3	6.9

3.吸纳本科生、研究生参与科研项目的情况

表7-12　按高校类型分曾吸纳学生参与科研项目的高校教师比例

单位：%

高校类型	曾吸纳本科生参与科研项目的高校教师比例	曾吸纳硕士研究生参与科研项目的高校教师比例	曾吸纳博士研究生参与科研项目的高校教师比例
理工院校	57.8	57.9	14.1
农林院校	68.9	61.1	15.3
医药院校	55.7	46.1	14.4
综合大学	59.8	57.8	17.5
其他高校	50.2	40.4	8.1
总计	57.5	53.3	13.8

表7-13　按高校隶属分曾吸纳学生参与科研项目的高校教师比例

单位：%

高校隶属	曾吸纳本科生参与科研项目的高校教师比例	曾吸纳硕士研究生参与科研项目的高校教师比例	曾吸纳博士研究生参与科研项目的高校教师比例
中央	61.6	74.1	38.1
中央教育部门	63.1	73.3	37.7
中央其他部门	57.8	76.2	39.1
地方	57.3	51.1	10.7
地方教育部门	57.9	52.5	10.9
地方其他部门	39.1	10.0	4.1
民办	27.4	6.8	2.1
总计	57.5	53.3	13.8

表7-14　按“双一流”建设项目分曾吸纳学生参与科研项目的高校教师比例

单位：%

高校分类	曾吸纳本科生参与科研项目的高校教师比例	曾吸纳硕士研究生参与科研项目的高校教师比例	曾吸纳博士研究生参与科研项目的高校教师比例
“双一流”建设高校	61.4	69.3	27.9
其他高校	56.0	47.5	8.6
总计	57.5	53.3	13.8

表7-15　本科生参与科研项目的主要工作情况（按参与程度排序）

单位：%

本科生参与科研项目的主要工作	第一选择	第二选择	第三选择	第四选择	第五选择	合计
（1）设计并独立开展实验/调查等	12.2	5.5	5.6	10.0	13.7	47.1
（2）按照提供的工作安排做实验/调查等	39.4	22.7	12.2	9.0	3.0	86.4
（3）采集和整理数据	19.2	41.1	24.2	5.8	1.7	92.0
（4）分析及处理数据	2.0	11.1	30.2	28.2	8.3	79.7
（5）搜集并整理文献资料	21.4	14.8	19.7	20.0	8.9	84.7
（6）撰写研究报告、学术论文等	1.5	1.6	2.8	13.5	22.7	42.1
（7）撰写课题申请书、专利申请材料等	1.6	1.4	1.6	4.8	7.0	16.3
（8）其他方面的工作	2.4	1.3	3.0	7.8	33.2	47.7

表7-16　硕士研究生参与科研项目的主要工作情况（按参与程度排序）

单位：%

硕士研究生参与科研项目的主要工作	第一选择	第二选择	第三选择	第四选择	第五选择	合计
（1）设计并独立开展实验/调查等	24.9	10.7	5.6	7.5	10.4	59.1
（2）按照提供的工作安排做实验/调查等	29.9	23.5	9.2	7.4	4.2	74.2
（3）采集和整理数据	12.6	33.8	28.8	7.6	3.2	86.1
（4）分析及处理数据	3.2	13.8	33.0	30.2	6.5	86.8
（5）搜集并整理文献资料	22.6	11.0	13.8	18.9	11.3	77.6
（6）撰写研究报告、学术论文等	3.9	4.8	5.9	20.0	33.0	67.6
（7）撰写课题申请书、专利申请材料等	2.1	1.8	2.4	5.0	10.8	22.1
（8）其他方面的工作	0.8	0.3	0.9	3.0	19.8	24.8

表7-17　博士研究生参与科研项目的主要工作情况（按参与程度排序）

单位：%

博士研究生参与科研项目的主要工作	第一选择	第二选择	第三选择	第四选择	第五选择	合计
（1）设计并独立开展实验/调查等	49.9	13.1	5.1	5.6	7.0	80.6
（2）按照提供的工作安排做实验/调查等	13.0	26.7	6.7	6.0	5.7	58.2
（3）采集和整理数据	5.9	21.5	30.8	9.0	5.6	72.8
（4）分析及处理数据	3.2	13.8	28.8	33.2	7.3	86.3
（5）搜集并整理文献资料	14.8	9.4	12.2	13.8	14.0	64.2
（6）撰写研究报告、学术论文等	7.2	10.6	10.6	21.4	27.2	76.9
（7）撰写课题申请书、专利申请材料等	5.3	4.1	4.6	8.6	16.0	38.5
（8）其他方面的工作	0.6	0.3	0.5	1.6	15.5	18.5

表7-18　按高校类型分本科生参与科研项目各方面的贡献和帮助程度

单位：%

高校类型	科研创新成果的产出					学生自身创新能力的提高					指导教师的学术进步				
	没有帮助	帮助较小	一般	帮助较大	帮助很大	没有帮助	帮助较小	一般	帮助较大	帮助很大	没有帮助	帮助较小	一般	帮助较大	帮助很大
理工院校	3.6	38.1	38.2	17.1	3.0	0.4	4.2	16.3	58.1	21.0	9.8	31.2	37.8	18.4	2.8
农林院校	2.9	42.3	36.4	15.3	3.2	0.3	3.8	16.0	59.8	20.0	9.3	33.4	39.7	14.7	2.8
医药院校	3.5	33.3	37.8	22.2	3.3	0.6	5.1	17.1	60.7	16.5	6.5	22.9	39.2	28.5	2.9
综合大学	4.0	37.8	36.9	17.4	3.9	0.2	4.8	17.7	58.0	19.4	9.1	31.6	38.4	17.6	3.3
其他高校	5.5	36.9	36.8	17.4	3.4	1.0	5.9	19.0	55.9	18.3	9.2	32.0	38.7	16.8	3.3
总计	4.0	37.8	37.4	17.5	3.3	0.5	4.7	17.2	58.1	19.6	9.2	30.9	38.5	18.5	3.0

表7-19　按高校隶属分本科生参与科研项目各方面的贡献和帮助程度

单位：%

高校隶属	科研创新成果的产出					学生自身创新能力的提高					指导教师的学术进步				
	没有帮助	帮助较小	一般	帮助较大	帮助很大	没有帮助	帮助较小	一般	帮助较大	帮助很大	没有帮助	帮助较小	一般	帮助较大	帮助很大
中央	5.5	43.1	35.2	13.3	3.0	0.1	3.3	15.8	59.5	21.3	12.4	38.0	34.0	13.5	2.1
中央教育部门	5.3	43.8	33.8	13.9	3.3	0.1	3.4	16.1	58.7	21.6	12.3	38.0	34.4	13.6	1.7
中央其他部门	5.9	41.3	38.8	11.9	2.1	0	2.8	15.1	61.8	20.4	12.6	37.9	33.0	13.3	3.2
地方	3.8	37.1	37.6	18.1	3.4	0.5	4.9	17.3	57.9	19.4	8.7	29.9	39.1	19.2	3.1

续表

高校隶属	科研创新成果的产出					学生自身创新能力的提高					指导教师的学术进步				
	没有帮助	帮助较小	一般	帮助较大	帮助很大	没有帮助	帮助较小	一般	帮助较大	帮助很大	没有帮助	帮助较小	一般	帮助较大	帮助很大
地方教育部门	3.8	37.4	37.6	17.9	3.3	0.5	4.8	17.4	57.8	19.4	8.9	30.2	39.0	18.9	3.0
地方其他部门	2.5	25.8	39.0	27.7	5.0	0	5.7	15.1	63.5	15.7	3.8	19.0	40.5	30.4	6.3
民办	2.3	20.9	51.2	18.6	7.0	0	11.9	16.7	57.1	14.3	2.3	18.6	44.2	27.9	7.0
总计	4.0	37.8	37.4	17.5	3.3	0.5	4.7	17.2	58.1	19.6	9.2	30.9	38.5	18.5	3.0

表7-20 按"双一流"建设项目分本科生参与科研项目各方面的贡献和帮助程度

单位：%

高校分类	科研创新成果的产出					学生自身创新能力的提高					指导教师的学术进步				
	没有帮助	帮助较小	一般	帮助较大	帮助很大	没有帮助	帮助较小	一般	帮助较大	帮助很大	没有帮助	帮助较小	一般	帮助较大	帮助很大
"双一流"建设高校	4.7	40.2	36.8	15.1	3.2	0.2	4.5	16.5	58.8	19.9	11.2	34.1	36.9	15.1	2.6
其他高校	3.7	36.8	37.6	18.5	3.4	0.5	4.8	17.4	57.8	19.4	8.4	29.6	39.1	19.9	3.1
总计	4.0	37.8	37.4	17.5	3.3	0.5	4.7	17.2	58.1	19.6	9.2	30.9	38.5	18.5	3.0

表7-21 按高校类型分硕士研究生参与科研项目各方面的贡献和帮助程度

单位：%

高校类型	科研创新成果的产出					学生自身创新能力的提高					指导教师的学术进步				
	没有帮助	帮助较小	一般	帮助较大	帮助很大	没有帮助	帮助较小	一般	帮助较大	帮助很大	没有帮助	帮助较小	一般	帮助较大	帮助很大
理工院校	0.3	8.0	30.5	49.8	11.4	0.1	1.2	9.3	57.4	31.9	1.0	11.4	35.4	43.7	8.5
农林院校	0.2	5.0	24.3	51.9	18.6	0	1.0	9.5	54.6	35.0	1.6	8.0	31.1	45.4	14.0
医药院校	0.3	4.4	17.1	63.7	14.5	0.3	1.0	10.3	59.2	29.2	1.3	3.8	25.3	58.0	11.6
综合大学	0.5	7.8	26.8	50.8	14.0	0.2	0.9	9.3	55.1	34.5	1.3	10.3	33.3	45.6	9.5
其他高校	1.2	13.2	33.3	42.4	9.9	0.2	2.2	11.2	58.5	27.9	3.2	14.3	37.7	37.2	7.6
总计	0.5	8.2	28.2	50.3	12.8	0.2	1.2	9.7	56.9	32.0	1.5	10.6	33.9	44.5	9.4

表7-22　按高校隶属分硕士研究生参与科研项目各方面的贡献和帮助程度

单位：%

高校隶属	科研创新成果的产出					学生自身创新能力的提高					指导教师的学术进步				
	没有帮助	帮助较小	一般	帮助较大	帮助很大	没有帮助	帮助较小	一般	帮助较大	帮助很大	没有帮助	帮助较小	一般	帮助较大	帮助很大
中央	0.4	10.6	28.6	48.2	12.2	0	1.0	7.1	57.2	34.6	1.3	15.1	34.6	41.0	7.9
中央教育部门	0.5	11.3	27.7	47.6	12.9	0	1.2	6.7	57.0	35.2	1.2	16.8	33.8	40.0	8.2
中央其他部门	0.3	8.9	30.6	49.5	10.8	0	0.8	8.1	57.8	33.3	1.6	11.3	36.6	43.3	7.3
地方	0.5	7.7	28.2	50.7	12.9	0.2	1.3	10.2	56.8	31.5	1.6	9.7	33.8	45.2	9.7
地方教育部门	0.5	7.7	28.2	50.6	12.9	0.2	1.3	10.2	56.8	31.5	1.6	9.7	33.8	45.2	9.7
地方其他部门	0	9.8	14.6	63.4	12.2	0	0	19.5	58.5	22.0	0	7.5	25.0	52.5	15.0
民办	0	0	30.8	61.5	7.7	0	0	0	66.7	33.3	0	8.3	33.3	41.7	16.7
总计	0.5	8.2	28.2	50.3	12.8	0.2	1.2	9.7	56.9	32.0	1.5	10.6	33.9	44.5	9.4

表7-23　按“双一流”建设项目分硕士研究生参与科研项目各方面的贡献和帮助程度

单位：%

高校分类	科研创新成果的产出					学生自身创新能力的提高					指导教师的学术进步				
	没有帮助	帮助较小	一般	帮助较大	帮助很大	没有帮助	帮助较小	一般	帮助较大	帮助很大	没有帮助	帮助较小	一般	帮助较大	帮助很大
“双一流”建设高校	0.3	8.6	26.8	50.8	13.5	0.1	1.2	8.2	56.8	33.8	1.3	11.8	32.7	44.6	9.5
其他高校	0.6	7.9	29.0	50.0	12.4	0.2	1.3	10.5	57.0	31.0	1.6	9.9	34.5	44.5	9.4
总计	0.5	8.2	28.2	50.3	12.8	0.2	1.2	9.7	56.9	32.0	1.5	10.6	33.9	44.5	9.4

表7-24　按高校类型分博士研究生参与科研项目各方面的贡献和帮助程度

单位：%

高校类型	科研创新成果的产出					学生自身创新能力的提高					指导教师的学术进步				
	没有帮助	帮助较小	一般	帮助较大	帮助很大	没有帮助	帮助较小	一般	帮助较大	帮助很大	没有帮助	帮助较小	一般	帮助较大	帮助很大
理工院校	0.7	1.4	11.5	50.4	36.0	0.5	0.9	5.3	43.2	50.1	0.6	2.1	17.0	53.4	26.9
农林院校	0.9	0.9	6.0	45.4	46.8	0	0.5	2.8	38.5	58.2	0	2.3	14.5	46.3	36.9
医药院校	0	0.5	4.6	60.8	34.1	0	0.9	6.5	50.5	42.1	0	0.5	11.7	59.3	28.5

续表

高校类型	科研创新成果的产出					学生自身创新能力的提高					指导教师的学术进步				
	没有帮助	帮助较小	一般	帮助较大	帮助很大	没有帮助	帮助较小	一般	帮助较大	帮助很大	没有帮助	帮助较小	一般	帮助较大	帮助很大
综合大学	0.5	2.1	9.8	46.1	41.5	0.2	1.4	5.4	40.3	52.7	0.4	3.7	16.8	46.2	32.9
其他高校	1.5	2.3	20.0	46.0	30.2	1.1	1.5	9.9	46.9	40.5	3.0	6.1	21.6	47.7	21.6
总计	0.7	1.5	10.8	49.2	37.7	0.4	1.1	5.8	43.1	49.6	0.7	2.9	16.7	50.6	29.1

表7–25 按高校隶属分博士研究生参与科研项目各方面的贡献和帮助程度

单位：%

高校隶属	科研创新成果的产出					学生自身创新能力的提高					指导教师的学术进步				
	没有帮助	帮助较小	一般	帮助较大	帮助很大	没有帮助	帮助较小	一般	帮助较大	帮助很大	没有帮助	帮助较小	一般	帮助较大	帮助很大
中央	0.5	1.4	7.5	48.8	41.9	0.2	0.8	2.3	40.2	56.5	0.6	3.0	13.2	53.2	30.0
中央教育部门	0.7	1.5	7.1	48.9	41.8	0.2	0.7	2.7	39.4	57.1	0.7	3.3	14.0	50.1	31.9
中央其他部门	0	1.0	8.3	48.4	42.2	0	1.0	1.6	42.2	55.2	0.5	2.1	11.5	60.4	25.5
地方	0.8	1.6	12.3	49.4	35.8	0.5	1.2	7.3	44.5	46.5	0.8	2.9	18.3	49.3	28.7
地方教育部门	0.9	1.6	12.3	49.0	36.2	0.5	1.1	7.1	44.4	46.9	0.8	2.9	18.1	49.3	28.9
地方其他部门	0	0	14.3	76.2	9.5	0	5.0	25.0	50.0	20.0	0	5.0	30.0	50.0	15.0
民办	0	0	33.3	33.3	33.3	0	0	33.3	33.3	33.3	0	0	33.3	66.7	0
总计	0.7	1.5	10.8	49.2	37.7	0.4	1.1	5.8	43.1	49.6	0.7	2.9	16.7	50.6	29.1

表7–26 按“双一流”建设项目分博士研究生参与科研项目各方面的贡献和帮助程度

单位：%

高校分类	科研创新成果的产出					学生自身创新能力的提高					指导教师的学术进步				
	没有帮助	帮助较小	一般	帮助较大	帮助很大	没有帮助	帮助较小	一般	帮助较大	帮助很大	没有帮助	帮助较小	一般	帮助较大	帮助很大
“双一流”建设高校	0.5	1.2	9.1	46.5	42.7	0.2	0.5	3.8	40.2	55.2	0.5	2.7	15.1	49.4	32.3
其他高校	0.9	1.9	12.8	52.2	32.1	0.6	1.6	8.0	46.4	1.0	3.1	18.6	51.8	25.5	1.0
总计	0.7	1.5	10.8	49.2	37.7	0.4	1.1	5.8	43.1	49.6	0.7	2.9	16.7	50.6	29.1

表7-27　按高校类型分高校教师与政府部门、企事业单位开展合作、共同培养学生的频率

单位：%

高校类型	高校教师与政府部门、企事业单位开展合作、共同培养学生的频率			
	从不	偶尔	有时	经常
理工院校	36.2	35.5	18.4	9.9
农林院校	43.9	34.2	14.6	7.3
医药院校	56.4	25.9	11.8	5.8
综合大学	42.2	33.7	17.1	7.0
其他高校	44.0	32.8	15.9	7.3
总计	41.9	33.4	16.6	8.1

表7-28　按高校隶属分普通高校教师与政府部门、企事业单位开展合作、共同培养学生的频率

单位：%

高校隶属	高校教师与政府部门、企事业单位开展合作、共同培养学生的频率			
	从不	偶尔	有时	经常
中央	41.3	34.0	15.6	9.1
中央教育部门	41.3	33.8	15.7	9.2
中央其他部门	41.4	34.6	15.3	8.7
地方	42.0	33.3	16.8	8.0
地方教育部门	42.1	33.1	16.7	8.1
地方其他部门	38.6	38.9	17.6	4.9
民办	41.1	43.2	12.3	3.4
总计	41.9	33.4	16.6	8.1

表7-29　按“双一流”建设项目分高校教师与政府部门、企事业单位开展合作、共同培养学生的频率

单位：%

高校分类	高校教师与政府部门、企事业单位开展合作、共同培养学生的频率			
	从不	偶尔	有时	经常
“双一流”建设高校	41.1	32.6	16.9	9.4
其他高校	42.2	33.8	16.5	7.6
总计	41.9	33.4	16.6	8.1

表7-30　按高校类型分普通高校与政府部门、企事业单位合作培养学生的效果

单位：%

高校类型	学校与政府部门、企事业单位开展合作培养学生的效果			
	没有效果	效果不好	效果一般	效果较好
理工院校	4.4	24.7	64.8	6.0
农林院校	5.5	24.8	63.6	6.0
医药院校	6.6	25.3	64.3	3.8
综合大学	5.4	28.7	60.7	5.2
其他高校	4.9	26.8	62.9	5.4
总计	5.1	26.1	63.4	5.5

表7-31　按高校隶属分普通高校与政府部门、企事业单位合作培养学生的效果

单位：%

高校隶属	学校与政府部门、企事业单位开展合作培养学生的效果			
	没有效果	效果不好	效果一般	效果较好
中央	5.4	31.0	59.8	3.8
中央教育部门	5.5	30.8	59.9	3.7
中央其他部门	5.2	31.3	59.6	3.9
地方	5.1	25.6	63.7	5.7
地方教育部门	5.1	25.7	63.6	5.6
地方其他部门	5.1	20.7	66.8	7.4
民办	0.7	17.1	76.0	6.2
总计	5.1	26.1	63.4	5.5

表7-32　按“双一流”建设项目分普通高校与政府部门、企事业单位合作培养学生的效果

单位：%

高校分类	学校与政府部门、企事业单位开展合作培养学生的效果			
	没有效果	效果不好	效果一般	效果较好
“双一流”建设高校	5.1	29.6	60.5	4.9
其他高校	5.1	24.9	64.4	5.7
总计	5.1	26.1	63.4	5.5

表7-33 按高校类型分高校教师与政府部门、企事业单位合作开展科研创新的情况

单位：%

高校类型	高校教师与政府部门、企事业单位合作开展科研创新的情况				
	产品研发	工艺、技术改进	专业咨询服务	其他类型的合作	未开展过合作
理工院校	19.0	14.8	22.5	13.2	30.6
农林院校	14.7	10.2	24.4	14.7	36.1
医药院校	8.8	6.4	14.8	15.8	54.2
综合大学	14.6	10.2	23.4	15.8	36.0
其他高校	8.9	5.2	25.8	17.6	42.4
总计	14.5	10.5	22.8	15.1	37.2

表7-34 按高校隶属分高校教师与政府部门、企事业单位合作开展科研创新的情况

单位：%

高校隶属	高校教师与政府部门、企事业单位合作开展科研创新的情况				
	产品研发	工艺、技术改进	专业咨询服务	其他类型的合作	未开展过合作
中央	20.1	11.6	22.4	12.8	33.1
中央教育部门	17.9	11.3	25.2	12.7	32.9
中央其他部门	25.5	12.2	15.5	13.0	33.7
地方	13.8	10.4	22.9	15.3	37.6
地方教育部门	14.0	10.4	22.9	15.2	37.5
地方其他部门	8.7	10.2	22.0	19.9	39.1
民办	6.8	4.1	18.5	21.2	49.3
总计	14.5	10.5	22.8	15.1	37.2

表7-35 按“双一流”建设项目分高校教师与政府部门、企事业单位合作开展科研创新的情况

单位：%

高校分类	高校教师与政府部门、企事业单位合作开展科研创新的情况				
	产品研发	工艺、技术改进	专业咨询服务	其他类型的合作	未开展过合作
“双一流”建设高校	17.9	11.5	23.0	13.6	34.1
其他高校	13.2	10.1	22.7	15.6	38.3
总计	14.5	10.5	22.8	15.1	37.2

表7-36　按高校类型分高校教师参与过多学科、跨学科或交叉学科的人才培养工作的频率

单位：%

高校类型	高校教师参与过多学科、跨学科或交叉学科的人才培养工作的频率			
	未参加	偶尔参加	有时参加	经常参加
理工院校	35.4	37.1	21.2	6.2
农林院校	38.8	38.1	18.5	4.6
医药院校	40.2	34.0	19.2	6.7
综合大学	36.8	36.4	19.9	6.9
其他高校	40.0	37.7	18.1	4.2
总计	37.5	36.9	19.8	5.9

表7-37　按高校隶属分高校教师参与过多学科、跨学科或交叉学科的人才培养工作的频率

单位：%

高校隶属	高校教师参与过多学科、跨学科或交叉学科的人才培养工作的频率			
	未参加	偶尔参加	有时参加	经常参加
中央	34.2	37.5	19.9	8.4
中央教育部门	34.2	38.2	19.2	8.4
中央其他部门	34.2	35.8	21.5	8.5
地方	37.9	36.6	19.9	5.6
地方教育部门	37.9	36.6	19.9	5.6
地方其他部门	39.6	38.4	18.9	3.1
民办	37.7	47.3	13.0	2.1
总计	37.5	36.9	19.8	5.9

表7-38　按“双一流”建设项目分高校教师参与过多学科、跨学科或交叉学科的人才培养工作的频率

单位：%

高校分类	高校教师参与过多学科、跨学科或交叉学科的人才培养工作的频率			
	未参加	偶尔参加	有时参加	经常参加
“双一流”建设高校	34.3	36.7	21.2	7.8
其他高校	38.6	36.9	19.3	5.1
总计	37.5	36.9	19.8	5.9

表7-39 按高校类型分多学科、跨学科及交叉学科合作培养学生的效果

单位：%

高校类型	多学科、跨学科及交叉学科合作培养学生的效果				
	没有效果	效果不好	效果一般	效果较好	效果很好
理工院校	2.9	5.9	34.3	50.6	6.3
农林院校	3.0	4.9	35.2	49.6	7.3
医药院校	4.6	5.6	30.2	54.4	5.3
综合大学	2.7	6.8	35.1	48.4	7.0
其他高校	3.3	6.8	37.1	47.3	5.5
总计	3.1	6.1	34.7	49.7	6.3

表7-40 按高校隶属分多学科、跨学科及交叉学科合作培养学生的效果

单位：%

高校隶属	多学科、跨学科及交叉学科合作培养学生的效果				
	没有效果	效果不好	效果一般	效果较好	效果很好
中央	3.3	4.4	35.6	49.4	7.3
中央教育部门	3.7	4.6	35.0	49.5	7.2
中央其他部门	2.3	3.9	37.1	49.3	7.5
地方	3.1	6.3	34.7	49.8	6.1
地方教育部门	3.2	6.3	34.6	49.8	6.2
地方其他部门	2.8	6.4	37.9	47.8	5.1
民办	2.1	9.6	28.8	51.4	8.2
总计	3.1	6.1	34.7	49.7	6.3

表7-41 按“双一流”建设项目分多学科、跨学科及交叉学科合作培养学生的效果

单位：%

高校分类	多学科、跨学科及交叉学科合作培养学生的效果				
	没有效果	效果不好	效果一般	效果较好	效果很好
“双一流”建设高校	3.0	6.0	34.3	49.6	7.2
其他高校	3.2	6.2	34.9	49.8	5.9
总计	3.1	6.1	34.7	49.7	6.3

（二）产学研合作创新

1. 承担横向课题的情况

表7-42　按高校类型分高校教师在本年度新承担的横向项目的情况

单位：%

高校类型	在本年度新承担横向项目的教师比例					
	无	1～5项	6～10项	10～15项	15～20项	20项以上
理工院校	57.8	39.6	1.7	0.6	0.2	0.1
农林院校	65.1	32.8	1.4	0.6	0	0.1
医药院校	71.1	24.9	2.7	1.0	0.3	0.1
综合大学	62.8	34.1	2.0	0.7	0.3	0.1
其他高校	68.2	29.1	1.4	0.9	0.3	0.1
总计	63.1	34.1	1.8	0.7	0.2	0.1

表7-43　按高校隶属分高校教师在本年度新承担的横向项目的情况

单位：%

高校隶属	在本年度新承担横向项目的教师比例					
	无	1～5项	6～10项	10～15项	15～20项	20项以上
中央	54.7	43.0	1.9	0.3	0.2	0
中央教育部门	52.5	44.6	2.3	0.4	0.2	0
中央其他部门	60.0	38.9	0.8	0	0.2	0
地方	64.1	33.0	1.8	0.8	0.2	0.1
地方教育部门	63.9	33.1	1.8	0.8	0.2	0.1
地方其他部门	68.5	28.6	1.8	0.8	0.3	0
民办	74.0	25.3	0	0	0.7	0
总计	63.1	34.1	1.8	0.7	0.2	0.1

表7-44　按“双一流”建设项目分高校教师在本年度新承担的横向项目的情况

单位：%

高校分类	在本年度新承担横向项目的教师比例					
	无	1～5项	6～10项	10～15项	15～20项	20项以上
“双一流”建设高校	57.3	38.8	2.7	0.8	0.3	0.1
其他高校	65.2	32.4	1.4	0.7	0.2	0.1
总计	63.1	34.1	1.8	0.7	0.2	0.1

表7-45　按高校类型分高校教师在本年度新承担横向项目的合同金额情况

单位：%

高校类型	在本年度新承担横向项目合同金额的比例					
	无	小于10万元	10万～50万元	50万～100万元	100万～200万元	200万元以上
理工院校	57.7	21.2	15.2	3.8	1.4	0.6
农林院校	63.8	20.3	12.4	2.5	0.7	0.2
医药院校	71.4	17.9	8.5	1.9	0.1	0.1
综合大学	62.1	18.4	14.2	3.3	1.4	0.6
其他高校	68.2	20.3	8.7	2.3	0.3	0.2
总计	62.8	20.0	12.7	3.1	1.0	0.4

表7-46　按高校隶属分高校教师在本年度新承担横向项目的合同金额情况

单位：%

高校隶属	在本年度新承担横向项目合同金额的比例					
	无	小于10万元	10万～50万元	50万～100万元	100万～200万元	200万元以上
中央	53.8	16.1	20.9	5.7	2.5	1.0
中央教育部门	51.4	16.9	22.8	5.6	2.5	0.8
中央其他部门	59.6	14.3	16.1	5.8	2.5	1.7
地方	63.9	20.5	11.7	2.8	0.8	0.4
地方教育部门	63.6	20.5	11.8	2.9	0.8	0.4
地方其他部门	71.6	20.2	6.9	0.5	0.5	0.3
民办	76.0	19.9	3.4	0	0.7	0
总计	62.8	20.0	12.7	3.1	1.0	0.4

表7–47 按“双一流”建设项目分高校教师在本年度新承担横向项目的合同金额情况

单位：%

高校分类	在本年度新承担横向项目合同金额的比例					
	无	小于10万元	10万～50万元	50万～100万元	100万～200万元	200万元以上
“双一流”建设高校	56.4	17.8	18.3	4.7	1.9	0.8
其他高校	65.2	20.8	10.6	2.5	0.7	0.3
总计	62.8	20.0	12.7	3.1	1.0	0.4

2. 跨学科合作科研情况

表7–48 按高校类型分高校教师跨学科、交叉学科或多学科合作的科研项目的参与情况

单位：%

高校类型	高校教师跨学科、交叉学科或多学科合作的科研项目的参与情况			
	未参加	偶尔参加	有时参加	经常参加
理工院校	44.8	32.2	18.0	5.0
农林院校	49.7	30.7	15.7	3.9
医药院校	48.2	29.0	18.4	4.4
综合大学	47.5	29.6	17.4	5.4
其他高校	51.2	30.1	15.3	3.4
总计	47.5	30.7	17.1	4.6

表7–49 按高校隶属分高校教师跨学科、交叉学科或多学科合作的科研项目的参与情况

单位：%

高校隶属	高校教师跨学科、交叉学科或多学科合作的科研项目的参与情况			
	未参加	偶尔参加	有时参加	经常参加
中央	41.9	30.5	19.6	8.0
中央教育部门	42.3	30.7	19.5	7.5
中央其他部门	41.0	30.2	19.7	9.1
地方	48.0	30.8	17.0	4.2
地方教育部门	47.8	30.8	17.1	4.3

续表

高校隶属	高校教师跨学科、交叉学科或多学科合作的科研项目的参与情况			
	未参加	偶尔参加	有时参加	经常参加
地方其他部门	53.7	31.5	13.0	1.8
民办	70.5	23.3	6.2	—
总计	47.5	30.7	17.1	4.6

表7-50 按“双一流”建设项目分高校教师跨学科、交叉学科或多学科合作的科研项目的参与情况

单位：%

高校分类	高校教师跨学科、交叉学科或多学科合作的科研项目的参与情况			
	未参加	偶尔参加	有时参加	经常参加
“双一流”建设高校	43.4	29.7	20.2	6.7
其他高校	49.0	31.1	16.0	3.9
总计	47.5	30.7	17.1	4.6

表7-51 按高校类型分高校教师与国外学者合作开展科研工作情况

单位：%

高校类型	高校教师与国外学者合作开展科研工作情况			
	未合作	偶尔合作	有时合作	经常合作
理工院校	68.8	15.3	10.8	5.1
农林院校	70.6	15.6	9.1	4.7
医药院校	73.6	11.6	10.7	4.2
综合大学	60.1	17.3	14.1	8.6
其他高校	74.0	13.1	9.5	3.4
总计	68.6	14.9	11.1	5.4

表7-52 按高校隶属分高校教师与国外学者合作开展科研工作情况

单位：%

高校隶属	高校教师与国外学者合作开展科研工作情况			
	未合作	偶尔合作	有时合作	经常合作
中央	47.3	20.1	19.6	13.0
中央教育部门	47.2	20.4	19.8	12.6
中央其他部门	47.6	19.3	19.0	14.1

续表

高校隶属	高校教师与国外学者合作开展科研工作情况			
	未合作	偶尔合作	有时合作	经常合作
地方	71.2	14.3	10.0	4.4
地方教育部门	70.7	14.5	10.2	4.6
地方其他部门	87.0	8.2	4.6	0.3
民办	89.0	6.2	3.4	1.4
总计	68.6	14.9	11.1	5.4

表7-53　按“双一流”建设项目分高校教师与国外学者合作开展科研工作情况

单位：%

高校分类	高校教师与国外学者合作开展科研工作情况			
	未合作	偶尔合作	有时合作	经常合作
“双一流”建设高校	52.2	19.0	18.6	10.2
其他高校	74.6	13.4	8.3	3.6
总计	68.6	14.9	11.1	5.4

3. 提升高校教师科研创新能力的因素

表7-54　提升高校教师科研创新能力的因素的帮助程度

单位：%

提升高校教师科研创新能力的因素	没有帮助	帮助较小	一般	帮助较大	帮助很大
高水平的学科带头人	3.1	5.3	13.8	46.8	31.0
结构合理的研究团队	1.6	3.3	11.1	49.8	34.3
所在的科研创新平台	2.4	3.9	14.0	43.5	36.4
追踪相关领域的前沿成果	0.8	2.0	11.7	49.2	36.3
承担省部级及以上的科研项目	1.7	2.8	16.7	48.6	30.2
参加本领域的学术会议	1.0	4.1	23.7	50.4	20.8
与国内同行开展科研合作	1.2	2.9	18.9	54.1	23.0
与国外同行开展科研合作	3.1	4.2	21.5	47.7	23.6
与企业开展科研合作	4.3	9.1	34.6	39.7	12.3
跨学科、多合作学科的科研工作	1.9	5.2	27.9	48.9	16.1

（三）创新成果转化

表7-55 按高校类型分2017年度高校教师创新成果转化的情况

单位：%

高校类型	创新成果实现转化的情况		创新成果需要转化的情况	
	有	没有	有	没有
理工院校	12.9	87.1	31.5	68.5
农林院校	9.9	90.1	26.2	73.8
医药院校	7.9	92.1	20.7	79.3
综合大学	11.4	88.6	28.3	71.7
其他高校	9.9	90.1	19.8	80.2
总计	11.2	88.8	26.7	73.3

表7-56 按高校隶属分2017年度高校教师创新成果转化的情况

单位：%

高校隶属	创新成果实现转化的情况		创新成果需要转化的情况	
	有	没有	有	没有
中央	10.8	89.2	32.6	67.4
中央教育部门	11.9	88.1	31.6	68.4
中央其他部门	8.1	91.9	35.0	65.0
地方	11.2	88.8	26.1	73.9
地方教育部门	11.3	88.7	26.3	73.7
地方其他部门	8.4	91.6	20.7	79.3
民办	11.6	88.4	16.4	83.6
总计	11.2	88.8	26.7	73.3

表7-57 按“双一流”建设项目分2017年度高校教师创新成果转化的情况

单位：%

高校分类	创新成果实现转化的情况		目前创新成果需要转化的情况	
	有	没有	有	没有
“双一流”建设高校	12.3	87.7	31.0	69.0
其他高校	10.7	89.3	25.2	74.8
总计	11.2	88.8	26.7	73.3

表7–58　阻碍高校教师进行创新成果转化与扩散的因素

单位：%

阻碍创新成果转化与扩散的因素	无	较小	一般	较大	很大
缺乏信息来源	2.3	7.1	25.8	47.9	16.2
缺乏激励机制	2.3	6.4	25.8	46.2	19.2
缺乏资金支持	1.6	3.6	16.4	47.0	31.3
缺乏政策支持	1.6	4.4	20.5	47.0	26.4
成果无市场前景	2.3	6.3	23.1	42.0	26.4
知识产权保护机制不健全	2.6	8.4	33.5	38.5	16.9
中介机构不健全	5.1	13.1	40.7	30.4	10.6

表7–59　高校教师通过创新成果转化与扩散获得的回报

单位：%

创新成果转化与扩散的回报	从未	偶尔	有时	较常	总是
获得了国家的转让收入税收减免	32.5	22.2	32.2	10.6	2.6
获得了学校的技术转让收入提成奖励	30.0	20.3	29.6	15.7	4.3
纳入职称评定条件	18.6	15.8	26.9	24.5	14.1
获得了学校年终绩效奖励	19.0	17.2	26.6	24.7	12.4
获得了国家或学校的荣誉奖励	23.8	18.9	29.1	19.9	8.3
实现了自我价值	8.9	13.8	31.6	30.7	15.0

八、高校学生参与创新情况

监测报告显示，2017年，本科生发表学术期刊论文的比例为12.8%，其中，已发表学术期刊论文的学生中，人均发表数量为1.76篇；本科生发表会议论文的比例为8.4%，其中，已发表会议论文的学生中，人均发表数量为1.82篇。研究生以“一作”身份发表学术期刊论文的比例为49.9%，其中，已发表会议论文的学生中，人均发表数量为2.23篇。本科生参加省部级及以上创新创业大赛和科技学术类竞赛的比例分别为13.0%和12.8%；研究生参加省部级及以上创新创业大赛和科技学术类竞赛的比例分别为8.3%和10.0%。本科生独立申请专利和获得专利授权的比例分别为4.7%和4.7%；研究生独立申请专利和获得专利授权的比例分别为14.1%和10.4%。本科生参与开发设计与改进试验的比例分别为7.3%和12.9%。

2017年，学生在科研活动参与方面，本科生认为教师有将科研成果转化为教学内容的比例为96.5%，研究生认为教师有将科研成果转化为教学内容的比例为97.8%。本科生参加教师科研课题的比例为53.9%，人均参加教师科研课题的数量为0.7个，人均独立开展科研课题的数量为0.5个。硕士研究生中从本科阶段开始参与教师课题的比例为21.3%；博士研究生中从本科阶段开始参与教师课题的比例为19.2%；硕士生人均参与科研课题的数量为1.6个，博士生人均参与科研课题的数量为2.8个。

在创新创业方面，本科生尝试创业的比例为24.1%，研究生尝试创业的比例为15.9%。本科生参与创新创业类社团的比例为35.6%，研究生参与创新创业类社团的比例为16.8%。本科生选修创新创业课程的比例为58.3%，研究生选修创新创业课程的比例为27.1%。

在参与产学研合作方面，本科生参与产学研合作活动的比例为79.5%。在对企业委托科研项目的评价方面，68.0%的本科生和89.2%的研究生认为比较重要或非常重要；此外，69.3%的本科生和89.9%研究生表示愿意参加企业委托的科研项目。

（一）科技育人成果

1. 本科生、研究生发表学术期刊、学术会议论文的情况

表8-1　不同类型普通高校本科生发表学术期刊、学术会议论文的情况

高校类型	发表学术期刊论文		发表会议论文	
	发表的比例（%）	其中：发表的均值（篇）	发表的比例（%）	其中：发表的均值（篇）
理工院校	13.6	1.85	9.2	1.91
农林院校	16.4	1.59	8.4	1.78
医药院校	10.4	1.60	5.6	1.51
综合大学	14.1	1.84	8.7	1.77
其他高校	10.0	1.59	7.7	1.81
总计	12.8	1.76	8.4	1.82

表8-2　不同隶属普通高校本科生发表学术期刊、学术会议论文的情况

高校隶属	发表学术期刊论文		发表会议论文	
	发表的比例（%）	其中：发表的均值（篇）	发表的比例（%）	其中：发表的均值（篇）
中央	18.9	1.72	10.6	1.66
教育部门	20.5	1.76	11.6	1.62
其他部门	12.0	1.45	6.4	2.00
地方	12.1	1.76	8.0	1.83
教育部门	12.2	1.74	7.7	1.81
其他部门	10.6	2.12	11.0	1.96
民办	15.1	1.91	14.9	2.06
总计	12.8	1.76	8.4	1.82

表8-3　按“双一流”建设项目分普通高校本科生发表学术期刊、学术会议论文的情况

高校分类	发表学术期刊论文		发表会议论文	
	发表的比例（%）	其中：发表的均值（篇）	发表的比例（%）	其中：发表的均值（篇）
“双一流”建设高校	16.1	1.77	9.0	1.68
其他高校	11.8	1.76	8.2	1.87
总计	12.8	1.76	8.4	1.82

表8-4　不同类型普通高校研究生发表学术期刊论文的情况

高校类型	以“一作”发表期刊论文			以“非一作”发表期刊论文		
	发表的比例（%）	其中：发表的均值（篇）	其中：被SCI、EI、SSCI等收入的均值（篇）	发表的比例（%）	其中：发表的均值（篇）	其中：被SCI、EI、SSCI等收入的均值（篇）
理工院校	45.4	2.17	2.02	47.2	2.57	2.35
农林院校	51.7	2.21	1.80	52.1	2.91	2.24
医药院校	64.4	2.00	1.54	55.5	2.54	2.01
综合大学	52.7	2.35	2.10	48.0	2.75	2.68
其他高校	45.3	2.39	1.98	31.0	2.21	2.37
总计	49.9	2.23	1.96	46.2	2.62	2.41

表8-5　不同隶属普通高校研究生发表学术期刊论文的情况

高校隶属	以“一作”发表期刊论文			以“非一作”发表期刊论文		
	发表的比例（%）	其中：发表的均值（篇）	其中：被SCI、EI、SSCI等收入的均值（篇）	发表的比例（%）	其中：发表的均值（篇）	其中：被SCI、EI、SSCI等收入的均值（篇）
中央	41.7	2.51	2.31	42.5	2.74	2.62
教育部门	41.2	2.51	2.32	42.6	2.76	2.64
其他部门	46.0	2.51	2.22	41.3	2.56	2.44
地方	51.6	2.19	1.88	47.0	2.60	2.36
教育部门	51.6	2.19	1.88	47.0	2.60	2.36
其他部门	42.9	1.33	1.00	57.1	1.50	1.33
民办	70.0	2.00	2.20	80.0	2.63	2.43
总计	49.9	2.23	1.96	46.2	2.62	2.41

表8-6　按“双一流”建设项目分普通高校研究生发表学术期刊论文的情况

高校分类	以“一作”发表期刊论文			以“非一作”发表期刊论文		
	发表的比例（%）	其中：发表的均值（篇）	其中：被SCI、EI、SSCI等收入的均值（篇）	发表的比例（%）	其中：发表的均值（篇）	其中：被SCI、EI、SSCI等收入的均值（篇）
“双一流”建设高校	50.5	2.40	2.13	47.3	2.72	2.58
其他高校	49.6	2.14	1.84	45.7	2.56	2.28
总计	49.9	2.23	1.96	46.2	2.62	2.41

2. 本科生、研究生参加省部级及以上大赛及获奖情况

表8-7　不同类型普通高校本科生参加省部级及以上大赛及获奖情况

高校类型	创新创业大赛		科技学术类竞赛	
	参加的比例（%）	其中：获奖的均值（个）	参加的比例（%）	其中：获奖的均值（个）
理工院校	15.9	1.95	18.0	2.33
农林院校	13.9	1.72	12.9	1.95
医药院校	10.1	1.71	6.1	1.92
综合大学	12.0	1.75	12.2	1.94
其他高校	10.5	1.61	7.8	1.80
总计	13.0	1.81	12.8	2.12

表8-8　不同隶属普通高校本科生参加省部级及以上大赛及获奖情况

高校隶属	创新创业大赛		科技学术类竞赛	
	参加的比例（%）	其中：获奖的均值（个）	参加的比例（%）	其中：获奖的均值（个）
中央	14.3	1.73	17.1	2.01
教育部门	15.2	1.64	17.2	1.94
其他部门	10.5	2.21	16.4	2.31
地方	12.9	1.82	12.4	2.14
教育部门	13.2	1.80	12.7	2.15

续表

高校隶属	创新创业大赛		科技学术类竞赛	
	参加的比例（%）	其中：获奖的均值（个）	参加的比例（%）	其中：获奖的均值（个）
其他部门	10.4	2.03	9.1	2.03
民办	11.6	1.68	8.5	1.75
总计	13.0	1.81	12.8	2.12

表8-9　按“双一流”建设项目分普通高校本科生参加省部级及以上大赛及获奖情况

高校分类	创新创业大赛		科技学术类竞赛	
	参加的比例（%）	其中：获奖的均值（个）	参加的比例（%）	其中：获奖的均值（个）
“双一流”建设高校	13.9	1.75	15.4	2.15
其他高校	12.8	1.82	12.0	2.10
总计	13.0	1.81	12.8	2.12

表8-10　不同类型普通高校研究生参加省部级及以上大赛及获奖情况

高校类型	创新创业大赛		科技学术类竞赛	
	参加的比例（%）	其中：获奖的均值（个）	参加的比例（%）	其中：获奖的均值（个）
理工院校	10.9	1.64	14.1	1.69
农林院校	7.2	1.64	6.8	1.59
医药院校	6.4	1.31	7.4	1.31
综合大学	6.9	1.79	7.9	1.84
其他高校	6.4	1.80	7.6	1.65
总计	8.3	1.67	10.0	1.68

表8-11　不同隶属普通高校研究生参加省部级及以上大赛及获奖情况

高校隶属	创新创业大赛		科技学术类竞赛	
	参加的比例（%）	其中：获奖的均值（个）	参加的比例（%）	其中：获奖的均值（个）
中央	6.4	2.01	8.4	2.03
教育部门	6.3	2.10	8.3	2.07
其他部门	7.4	1.44	8.8	1.73

续表

高校隶属	创新创业大赛		科技学术类竞赛	
	参加的比例（%）	其中：获奖的均值（个）	参加的比例（%）	其中：获奖的均值（个）
地方	8.7	1.61	10.3	1.62
教育部门	8.7	1.61	10.3	1.62
其他部门	28.6	1.00	14.3	1.00
民办	20.0	1.00	20.0	1.00
总计	8.3	1.67	10.0	1.68

表8-12　按“双一流”建设项目分普通高校研究生参加省部级及以上大赛及获奖情况

高校分类	创新创业大赛		科技学术类竞赛	
	参加的比例（%）	其中：获奖的均值（个）	参加的比例（%）	其中：获奖的均值（个）
“双一流”建设高校	7.4	1.78	9.2	1.82
其他高校	8.8	1.62	10.5	1.62
总计	8.3	1.67	10.0	1.68

3. 本科生、研究生申请专利与获得专利授权情况

表8-13　不同类型普通高校本科生申请专利与获得专利授权情况

高校类型	独立申请专利		获得专利授权	
	申请的比例（%）	其中：申请的均值（个）	获得的比例（%）	其中：获得的均值（个）
理工院校	6.9	2.2	7.0	2.1
农林院校	3.7	2.2	3.7	2.2
医药院校	1.9	1.5	1.7	1.5
综合大学	5.1	1.9	5.1	1.9
其他高校	2.0	2.1	2.1	2.4
总计	4.7	2.1	4.7	2.1

表8-14　不同隶属普通高校本科生申请专利与获得专利授权情况

高校类型	独立申请专利		获得专利授权	
	申请的比例（%）	其中：申请的均值（个）	获得的比例（%）	获得的均值（%）
中央	6.8	2.2	5.9	2.3
教育部门	7.7	2.3	6.7	2.2
其他部门	2.9	2.2	2.7	3.1
地方	4.5	2.1	4.6	2.0
教育部门	4.5	2.1	4.7	2.0
其他部门	3.7	2.1	3.9	2.4
民办	4.1	1.9	4.3	1.7
总计	4.7	2.1	4.7	2.1

表8-15　按“双一流”建设项目分普通高校本科生申请专利与获得专利授权情况

高校类型	独立申请专利		获得专利授权	
	申请的比例（%）	其中：申请的均值（个）	获得的比例（%）	获得的均值（%）
“双一流”建设高校	6.5	2.0	6.4	1.9
其他高校	4.1	2.1	4.2	2.1
总计	4.7	2.1	4.7	2.1

表8-16　不同类型普通高校研究生申请专利与获得专利授权情况

高校类型	独立申请专利		获得专利授权	
	申请的比例（%）	其中：申请的均值（个）	获得的比例（%）	其中：获得的均值（个）
理工院校	20.4	2.5	15.4	2.2
农林院校	11.1	2.3	9.3	2.1
医药院校	6.1	1.5	5.5	1.5
综合大学	14.2	2.3	9.5	1.9
其他高校	6.2	1.7	3.5	2.0
总计	14.1	2.3	10.4	2.1

表8–17　不同隶属普通高校研究生申请专利与获得专利授权情况

高校类型	独立申请专利		获得专利授权	
	申请的比例（%）	其中：申请的均值（个）	获得的比例（%）	获得的均值（%）
中央	16.3	2.3	11.5	2.2
教育部门	15.8	2.4	11.2	2.2
其他部门	20.1	1.9	13.9	2.0
地方	13.7	2.3	10.1	2.0
教育部门	13.7	2.3	10.1	2.0
其他部门	28.6	1.0	14.3	1.0
民办	30.0	2.0	40.0	1.5
总计	14.1	2.3	10.4	2.1

表8–18　按“双一流”建设项目分普通高校研究生申请专利与获得专利授权情况

高校类型	独立申请专利		获得专利授权	
	申请的比例（%）	其中：申请的均值（个）	获得的比例（%）	获得的均值（%）
“双一流”建设高校	15.7	2.2	10.7	2.0
其他高校	13.3	2.4	10.2	2.1
总计	14.1	2.3	10.4	2.1

4. 本科生完成软件开发设计与改进试验情况

表8–19　不同类型普通高校本科生完成软件开发设计与改进试验情况

高校类型	完成软件开发设计		完成改进试验	
	人数比例（%）	其中：软件开发设计的均值（个）	人数比例（%）	其中：改进试验的均值（个）
理工院校	9.8	2.34	15.2	1.90
农林院校	6.1	2.18	12.9	1.72
医药院校	4.3	1.60	9.7	1.47
综合大学	6.9	2.15	13.3	1.92
其他高校	5.0	2.06	10.2	1.80
总计	7.3	2.20	12.9	1.85

表8-20　不同隶属普通高校本科生完成软件开发设计与改进试验情况

高校隶属	完成软件开发设计		完成改进试验	
	人数比例（%）	其中：软件开发设计的均值（个）	人数比例（%）	其中：软件开发设计的均值（个）
中央	10.7	2.54	18.3	1.82
教育部门	9.8	2.30	18.3	1.74
其他部门	14.5	3.22	18.4	2.17
地方	6.8	2.14	12.4	1.85
教育部门	7.0	2.14	12.6	1.81
其他部门	4.7	2.17	10.5	2.27
民办	8.5	2.30	10.1	2.02
总计	7.3	2.20	12.9	1.85

表8-21　按“双一流”建设项目分普通高校本科生完成软件开发设计与改进试验情况

高校分类	完成软件开发设计		完成改进试验	
	人数比例（%）	其中：软件开发设计的均值（个）	人数比例（%）	其中：软件开发设计的均值（个）
“双一流”建设高校	9.0	2.26	15.9	1.78
其他高校	6.7	2.17	12.1	1.87
总计	7.3	2.20	12.9	1.85

5. 本科生、研究生综合能力提升情况

表8-22　本科生认为参加科技创新活动所提高的能力

单位：%

题项	没有提高	有点提高	一般	较大提高	极大提高
深厚的专业知识与技能	2.9	11.6	39.8	35.3	10.4
跨学科的知识与技能	3.3	14.3	44.0	29.1	9.4
良好的学术写作和口头汇报能力	2.3	10.0	39.3	36.6	11.8
组织领导团队的能力	2.2	8.9	37.7	38.0	13.2
与他人有效合作	1.6	6.3	32.1	44.6	15.5

续表

题项	没有提高	有点提高	一般	较大提高	极大提高
自主学习和探索	1.5	6.1	31.8	44.1	16.5
批判性思维	1.7	7.2	38.3	39.6	13.2
创造性思维	1.8	7.4	38.5	38.8	13.5
逻辑严密地思考问题	1.6	6.7	35.0	42.5	14.3
独立设计研究计划	2.5	9.4	39.5	36.3	12.3
把握学科发展前沿	2.6	10.4	42.9	33.0	11.2
运用多学科的知识和方法进行创新	2.2	9.5	41.6	35.1	11.6
整合多种资源解决现实中的复杂问题	2.1	9.0	40.3	36.6	12.0
喜欢从事创新性的活动	2.4	9.3	40.3	35.3	12.7

表8–23　研究生认为参加科技创新活动所提高的能力

单位：%

题项	没有提高	有点提高	较大提高	极大提高
深厚的专业知识与技能	1.4	26.5	53.4	18.7
跨学科的知识与技能	3.6	37.9	44.8	13.7
良好的学术写作和口头汇报能力	1.6	26.7	52.3	19.4
组织领导团队的能力	4.5	34.1	45.9	15.5
与他人有效合作	1.9	26.4	53.2	18.5
自主学习和探索	0.9	18.4	53.3	27.4
批判性思维	1.6	26.1	52.6	19.7
创造性思维	2.2	30.7	49.3	17.8
逻辑严密地思考问题	1.2	24.0	53.0	21.9
独立设计研究计划	2.1	27.4	50.0	20.4
把握学科发展前沿	2.1	30.9	49.2	17.8
运用多学科的知识和方法进行创新	2.8	32.3	48.6	16.3
整合多种资源解决现实中的复杂问题	2.3	30.7	50.1	16.9
喜欢从事创新性的活动	3.6	34.5	45.8	16.1

（二）科研活动参与情况

1. 本科生、研究生对教师科教融合育人的看法

表8-24 不同类型普通高校本科生、研究生对教师将科研成果转化为教学内容的评价

单位：%

高校类型	本科生					研究生				
	完全没有	比较少	有一些	比较多	非常多	完全没有	比较少	一般	比较多	非常多
理工院校	3.5	25.9	43.1	21.9	5.7	2.2	19.4	34.9	34.1	9.3
农林院校	3.0	24.2	46.6	21.4	4.8	1.5	18.2	31.8	38.2	10.3
医药院校	3.0	29.1	45.3	19.9	2.7	2.4	19.0	31.8	35.7	11.2
综合大学	3.3	24.9	44.2	21.9	5.7	2.1	21.2	32.8	35.1	8.8
其他高校	4.1	28.5	44.0	19.5	3.9	2.6	18.4	32.8	36.0	10.2
总计	3.5	26.4	44.0	21.2	5.0	2.2	19.6	33.4	35.2	9.6

表8-25 不同隶属普通高校本科生、研究生对教师将科研成果转化为教学内容的评价

单位：%

高校隶属	本科生					研究生				
	完全没有	比较少	有一些	比较多	非常多	完全没有	比较少	一般	比较多	非常多
中央	2.7	23.5	44.8	24.1	4.9	2.4	21.8	35.5	33.1	7.2
教育部门	2.9	22.6	44.9	24.2	5.5	2.5	21.7	35.2	33.4	7.2
其他部门	2.0	27.5	44.4	23.8	2.5	1.5	23.0	37.2	31.0	7.4
地方	3.6	27.0	44.0	20.5	4.9	2.2	19.1	33.0	35.7	10.1
教育部门	3.4	27.3	44.3	20.4	4.5	2.2	19.1	33.0	35.7	10.1
其他部门	5.4	22.9	40.9	22.2	8.6	0	42.9	57.1	0	0
民办	2.5	16.3	40.7	32.8	7.8	0	10.0	50.0	30.0	10.0
总计	3.5	26.4	44.0	21.2	5.0	2.2	19.6	33.4	35.2	9.6

表8-26　按“双一流”建设项目分普通高校本科生、研究生对教师将科研成果转化为教学内容的评价

单位：%

高校分类	本科生					研究生				
	完全没有	比较少	有一些	比较多	非常多	完全没有	比较少	一般	比较多	非常多
“双一流”建设高校	2.5	25.7	45.5	21.5	4.8	2.2	20.7	34.3	34.5	8.2
其他高校	3.8	26.6	43.5	21.0	5.0	2.2	18.9	32.9	35.6	10.3
总计	3.5	26.4	44.0	21.2	5.0	2.2	19.6	33.4	35.2	9.6

2. 本科生参与科研课题情况

表8-27　不同类型普通高校本科生参与科研课题的情况

高校类型	参加教师科研课题的时间（%）					人均参加科研课题的数量（个）	
	从未参加	大一	大二	大三	大四及以上	教师科研课题	独立开展科研
理工院校	43.4	11.2	25.2	14.6	5.6	0.8	0.5
农林院校	37.8	8.5	29.7	17.7	6.3	0.8	0.5
医药院校	46.8	10.3	21.0	13.8	8.1	0.6	0.3
综合大学	45.7	9.4	25.5	13.6	5.8	0.7	0.5
其他高校	52.7	12.2	20.0	10.3	4.7	0.5	0.4
总计	46.1	10.7	24.0	13.5	5.7	0.7	0.5

表8-28　不同隶属普通高校本科生参与科研课题的情况

高校隶属	参加教师科研课题的时间（%）					人均参加科研课题的数量（个）	
	从未参加	大一	大二	大三	大四及以上	教师科研课题	独立开展科研
中央	29.6	9.6	32.0	20.3	8.5	1.1	0.7
教育部门	27.9	10.0	34.3	20.6	7.2	1.1	0.8
其他部门	36.8	8.3	22.3	18.9	13.7	0.9	0.6
地方	47.7	10.7	23.5	12.9	5.3	0.6	0.4
教育部门	46.4	10.3	24.5	13.3	5.4	0.7	0.5
其他部门	61.6	14.1	12.5	7.7	4.1	0.5	0.4
民办	51.6	17.1	14.0	9.3	8.1	0.7	0.9
总计	46.1	10.7	24.0	13.5	5.7	0.7	0.5

表8-29　按“双一流”建设项目分普通高校本科生参与科研课题的情况

高校分类	参加教师科研课题的时间（%）					人均参加科研课题的数（个）	
	从未参加	大一	大二	大三	大四及以上	教师科研课题	独立开展科研
“双一流”建设高校	36.4	9.5	30.1	16.8	7.2	0.9	0.6
其他高校	49.0	11.1	22.2	12.5	5.2	0.6	0.5
总计	46.1	10.7	24.0	13.5	5.7	0.7	0.5

3. 研究生参与科研课题情况

表8-30　不同类型普通高校研究生参与科研课题的情况

高校类型	初次参与教师科研课题的时间（%）						人均参与教师及个人的科研课题数（个）	
	硕士生			博士生			硕士生	博士生
	本科阶段	硕士阶段	尚未参加	本科阶段	硕士阶段	博士阶段		
理工院校	18.6	81.1	0.3	17.7	57.9	24.4	1.6	3.2
农林院校	26.7	73.2	0.1	27.0	52.7	20.3	1.8	3.2
医药院校	16.6	83.1	0.3	23.3	58.0	18.7	1.6	1.8
综合大学	25.7	73.9	0.4	19.1	53.7	27.2	1.6	3.0
其他高校	19.7	79.5	0.8	11.4	51.6	37.0	1.3	2.5
总计	21.3	78.3	0.4	19.2	55.3	25.5	1.6	2.8

表8-31　不同隶属普通高校研究生参与科研课题的情况

高校隶属	初次参与教师科研课题的时间（%）						人均参与教师及个人的科研课题数（个）	
	硕士生			博士生			硕士生	博士生
	本科阶段	硕士阶段	尚未参加	本科阶段	硕士阶段	博士阶段		
中央	32.7	66.8	0.5	26.8	47.4	25.8	1.6	3.2
教育部门	33.0	66.5	0.5	27.0	47.0	26.0	1.5	3.2
其他部门	30.5	69.2	0.4	25.0	51.7	23.3	1.9	3.2
地方	19.1	80.6	0.4	17.2	57.4	25.4	1.6	2.7
教育部门	19.1	80.6	0.4	17.2	57.4	25.4	1.6	2.7
其他部门	28.6	71.4	—	—	—	—	1.6	—
总计	21.3	78.3	0.4	19.2	55.3	25.5	1.6	2.8

表8–32　按“双一流”建设项目分普通高校研究生参与科研课题的情况

高校分类	初次参与教师科研课题的时间（%）						人均参与教师及个人的科研课题数（个）	
	硕士生			博士生			硕士生	博士生
	本科阶段	硕士阶段	尚未参加	本科阶段	硕士阶段	博士阶段		
“双一流”建设高校	27.8	71.8	0.4	20.6	52.4	27.0	1.6	3.0
其他高校	18.2	81.4	0.4	18.1	57.4	24.4	1.5	2.7
总计	21.3	78.3	0.4	19.2	55.3	25.5	1.6	2.8

（三）学生接受创新创业教育情况

表8–33　不同类型普通高校学生尝试创业的比例

单位：%

高校类型	本科生			研究生		
	尝试创业的比例	参与创新创业社团的比例	选修创新创业课程的比例	尝试创业的比例	参与创新创业社团的比例	选修创新创业课程的比例
理工院校	23.8	39.0	61.0	15.9	17.7	31.5
农林院校	24.6	36.9	56.7	16.6	15.5	26.6
医药院校	21.7	34.2	49.3	18.9	21.7	27.8
综合大学	24.2	35.5	59.2	14.1	14.9	23.4
其他高校	25.2	30.5	57.0	16.7	15.4	22.4
总计	24.1	35.6	58.3	15.9	16.8	27.1

表8–34　不同隶属普通高校学生尝试创业的比例

单位：%

高校隶属	本科生			研究生		
	尝试创业的比例	参与创新创业社团的比例	选修创新创业课程的比例	尝试创业的比例	参与创新创业社团的比例	选修创新创业课程的比例
中央	14.1	25.0	46.5	10.9	12.4	18.3
教育部门	14.2	25.5	46.0	10.8	12.3	17.8
其他部门	13.7	22.8	48.5	11.2	13.0	22.4
地方	24.7	36.5	59.3	17.0	17.7	28.9

续表

高校隶属	本科生			研究生		
	尝试创业的比例	参与创新创业社团的比例	选修创新创业课程的比例	尝试创业的比例	参与创新创业社团的比例	选修创新创业课程的比例
教育部门	23.8	35.5	58.2	17.0	17.7	28.9
其他部门	35.1	47.1	71.8	14.3	14.3	42.9
民办	42.2	46.3	69.2	20.0	30.0	20.0
总计	24.1	35.6	58.3	15.9	16.8	27.1

表8-35　按“双一流”建设项目分普通高校学生尝试创业的比例

单位：%

高校分类	本科生			研究生		
	尝试创业的比例	参与创新创业社团的比例	选修创新创业课程的比例	尝试创业的比例	参与创新创业社团的比例	选修创新创业课程的比例
“双一流”建设高校	17.1	30.2	51.0	13.4	15.0	23.3
其他高校	26.2	37.3	60.6	17.3	17.7	29.0
总计	24.1	35.6	58.3	15.9	16.8	27.1

（四）学生参与产学研合作情况

1. 本科生参与产学研合作活动情况

表8-36　不同类型普通高校本科生对参与企业委托科研项目的态度

单位：%

高校类型	参与企业委托科研项目的重要性					参与企业委托科研项目的意愿				
	完全不重要	比较不重要	一般	比较重要	非常重要	完全不愿意	比较不愿意	一般	比较愿意	非常愿意
理工院校	1.7	6.7	22.0	48.9	20.6	1.5	5.5	21.9	42.1	28.9
农林院校	2.4	5.8	22.5	52.0	17.4	1.9	4.9	23.2	43.4	26.6
医药院校	1.1	7.4	24.7	50.7	16.1	1.1	6.0	23.3	47.0	22.6
综合大学	1.8	6.9	25.4	47.3	18.6	1.9	5.5	24.9	42.5	25.2
其他高校	1.6	5.5	24.7	49.3	18.9	1.3	5.3	25.2	43.2	25.0
总计	1.7	6.5	23.8	48.9	19.1	1.6	5.5	23.7	42.9	26.4

表8-37 不同隶属普通高校本科生对参与企业委托科研项目的态度

单位：%

高校隶属	参与企业委托科研项目的重要性					参与企业委托科研项目的意愿				
	完全不重要	比较不重要	一般	比较重要	非常重要	完全不愿意	比较不愿意	一般	比较愿意	非常愿意
中央	1.6	6.0	26.0	51.1	15.4	1.9	5.7	23.8	46.1	22.6
教育部门	1.8	6.2	26.4	50.4	15.2	2.1	5.9	24.4	45.2	22.3
其他部门	1.0	4.9	24.3	53.9	15.9	1.0	4.7	21.3	49.5	23.5
地方	1.7	6.6	23.5	48.9	19.2	1.5	5.5	23.6	42.8	26.6
教育部门	1.6	6.4	23.3	49.9	18.7	1.5	5.3	23.2	43.6	26.4
其他部门	2.8	9.0	25.3	38.5	24.5	2.2	7.6	28.1	34.2	28.0
民办	1.9	4.5	24.8	39.7	29.1	1.4	4.7	25.0	34.5	34.5
总计	1.7	6.5	23.8	48.9	19.1	1.6	5.5	23.7	42.9	26.4

表8-38 按“双一流”建设项目分普通高校本科生对参与企业委托科研项目的态度

单位：%

高校分类	参与企业委托科研项目的重要性					参与企业委托科研项目的意愿				
	完全不重要	比较不重要	一般	比较重要	非常重要	完全不愿意	比较不愿意	一般	比较愿意	非常愿意
“双一流”建设高校	1.3	6.7	24.3	50.9	16.8	1.6	5.5	23.5	44.8	24.6
其他高校	1.8	6.4	23.6	48.3	19.8	1.5	5.5	23.7	42.4	26.9
总计	1.7	6.5	23.8	48.9	19.1	1.6	5.5	23.7	42.9	26.4

表8-39 不同类型普通高校本科生参与企业合作活动的比例

单位：%

高校类型	参与企业合作活动的主要方面						
	产品研发	产品设计	解决流程或管理中的实际问题	前沿探索性理论研究	产品销售或宣传	参观实习	其他
理工院校	13.5	11.7	8.9	5.6	14.2	31.8	14.3
农林院校	10.7	9.5	10.5	5.7	16.4	33.1	14.1
医药院校	9.5	8.6	8.5	6.1	15.1	34.0	18.2
综合大学	11.5	10.3	9.2	6.3	14.9	32.7	15.2
其他高校	11.0	9.7	8.8	5.6	15.7	32.1	17.1
总计	11.9	10.5	9.0	5.8	14.9	32.4	15.5

表8-40 不同隶属普通高校本科生参与企业合作活动的比例

单位：%

高校隶属	参与企业合作活动的主要方面						
	产品研发	产品设计	解决流程或管理中的实际问题	前沿探索性理论研究	产品销售或宣传	参观实习	其他
中央	11.3	9.5	8.5	6.9	15.2	35.2	13.4
教育部门	11.1	9.7	9.0	6.9	15.3	35.1	13.0
其他部门	12.2	8.8	6.5	7.0	14.9	35.8	14.9
地方	12.0	10.6	9.1	5.7	14.8	32.1	15.8
教育部门	11.8	10.5	9.1	5.7	14.9	32.3	15.7
其他部门	13.9	11.6	8.8	4.7	13.6	30.0	17.4
民办	11.6	12.8	10.4	7.6	17.2	29.3	11.0
总计	11.9	10.5	9.0	5.8	14.9	32.4	15.5

表8-41 按“双一流”建设项目分普通高校本科生参与企业合作活动的比例

单位：%

高校分类	参与企业合作活动的主要方面						
	产品研发	产品设计	解决流程或管理中的实际问题	前沿探索性理论研究	产品销售或宣传	参观实习	其他
“双一流”建设高校	11.1	10.0	8.9	6.9	14.8	33.9	14.4
其他高校	12.1	10.7	9.1	5.5	15.0	31.9	15.8
总计	11.9	10.5	9.0	5.8	14.9	32.4	15.5

2. 研究生参与产学研合作活动情况

表8-42 不同类型普通高校研究生参与企业委托科研项目的情况及态度

单位：%

高校类型	参与企业委托科研项目的重要性					参与企业委托科研项目的意愿				
	完全不重要	比较不重要	一般	比较重要	非常重要	完全不愿意	比较不愿意	一般	比较愿意	非常愿意
理工院校	1.1	3.4	21.4	54.5	19.6	1.5	3.9	23.9	49.6	21.1
农林院校	1.1	3.6	23.1	53.7	18.4	1.9	3.7	25.2	50.3	18.9

续表

高校类型	参与企业委托科研项目的重要性					参与企业委托科研项目的意愿				
	完全不重要	比较不重要	一般	比较重要	非常重要	完全不愿意	比较不愿意	一般	比较愿意	非常愿意
医药院校	1.6	7.2	32.5	45.6	13.0	2.5	9.0	36.9	39.3	12.3
综合大学	1.0	4.8	27.3	51.9	15.0	1.5	5.0	30.4	46.4	16.8
其他高校	1.6	4.4	23.6	51.7	18.7	1.4	5.2	27.4	46.2	19.7
总计	1.2	4.3	24.6	52.4	17.4	1.6	4.9	27.6	47.2	18.6

表8-43　不同隶属普通高校研究生参与企业委托科研项目的情况及态度

单位：%

高校隶属	参与企业委托科研项目的重要性					参与企业委托科研项目的意愿				
	完全不重要	比较不重要	一般	比较重要	非常重要	完全不愿意	比较不愿意	一般	比较愿意	非常愿意
中央	1.0	4.2	28.1	53.4	13.3	1.0	5.4	30.4	49.0	14.2
教育部门	1.0	4.5	29.0	52.3	13.3	1.1	5.5	30.9	48.6	13.9
其他部门	0.9	2.1	21.2	61.9	13.9	0.6	4.7	26.5	51.9	16.2
地方	1.3	4.4	23.8	52.2	18.3	1.7	4.8	27.0	46.9	19.6
教育部门	1.3	4.4	23.9	52.2	18.3	1.7	4.8	27.0	46.9	19.6
其他部门	14.3	14.3	14.3	28.6	28.6	14.3	—	28.6	42.9	14.3
民办	10.0	—	40.0	40.0	10.0	10.0	—	30.0	50.0	10.0
总计	1.2	4.3	24.6	52.4	17.4	1.6	4.9	27.6	47.2	18.6

表8-44　按“双一流”建设项目分普通高校研究生参与企业委托科研项目的情况及态度

单位：%

高校分类	参与企业委托科研项目的重要性					参与企业委托科研项目的意愿				
	完全不重要	比较不重要	一般	比较重要	非常重要	完全不愿意	比较不愿意	一般	比较愿意	非常愿意
“双一流”建设高校	1.0	4.6	27.3	52.6	14.5	1.3	5.5	29.8	47.4	15.9
其他高校	1.3	4.2	23.2	52.3	18.9	1.8	4.6	26.4	47.2	20.0
总计	1.2	4.3	24.6	52.4	17.4	1.6	4.9	27.6	47.2	18.6

表8-45　不同类型普通高校研究生参与企业合作活动的比例

单位：%

高校类型	参与企业合作活动的主要方面						
	产品研发	产品设计	解决流程或管理中的实际问题	前沿探索性理论研究	产品销售或宣传	参观实习	其他
理工院校	20.6	15.6	13.0	14.4	3.7	21.7	10.9
农林院校	14.2	9.9	15.3	13.7	6.8	26.5	13.7
医药院校	17.0	13.6	11.8	14.2	7.2	20.1	16.1
综合大学	17.4	11.6	13.1	15.4	5.7	23.3	13.5
其他高校	12.0	8.4	12.4	14.5	7.9	28.3	16.5
总计	17.7	12.9	13.1	14.6	5.4	23.4	13.0

表8-46　不同隶属关系普通高校研究生参与企业合作活动的比例

单位：%

高校隶属	参与企业合作活动的主要方面						
	产品研发	产品设计	解决流程或管理中的实际问题	前沿探索性理论研究	产品销售或宣传	参观实习	其他
中央	19.9	13.7	13.7	16.1	4.3	21.1	11.3
教育部门	19.1	13.2	13.7	16.5	4.4	21.5	11.6
其他部门	24.9	16.9	13.6	13.4	3.6	18.4	9.2
地方	17.2	12.7	13.0	14.2	5.6	23.8	13.4
教育部门	17.2	12.7	13.0	14.2	5.6	23.8	13.4
其他部门	16.7	16.7	0.0	0.0	0.0	33.3	33.3
民办	30.0	20.0	0.0	20.0	0.0	20.0	10.0
总计	17.7	12.9	13.1	14.6	5.4	23.4	13.0

表8-47 按“双一流”建设项目分普通高校研究生参与企业合作活动的比例

单位：%

高校分类	参与企业合作活动的主要方面						
	产品研发	产品设计	解决流程或管理中的实际问题	前沿探索性理论研究	产品销售或宣传	参观实习	其他
“双一流”建设高校	17.6	12.9	13.5	16.1	5.3	22.1	12.5
其他高校	17.7	12.9	12.9	13.8	5.4	24.0	13.3
总计	17.7	12.9	13.1	14.6	5.4	23.4	13.0

（五）创新人才培养的环境

1.学校创新人才培养氛围

表8-48 本科生关于学校对创新人才培养氛围的评价

单位：%

学生认为学校对以下方面的重视程度	完全不重视	有点重视	一般	重视	非常重视
培养学生创新创业的意识和素养	1.9	8.6	32.3	40.2	17.0
营造平等、民主、开放、自由的学术氛围	1.9	6.5	32.0	40.8	18.8
本科生参与到教师的科研项目之中	2.2	10.1	36.9	35.8	15.1
本科生参与创新创业大赛和科技类竞赛	1.4	5.2	29.4	42.3	21.7
在人才培养上与行业、企业紧密结合	1.7	8.7	38.0	36.1	15.4
强调学以致用	1.5	6.2	31.5	39.8	21.0
为学生创新创业提供支持与帮助	1.3	5.5	30.7	41.9	20.6
对学术道德和学术规范的严格遵守	1.2	4.2	26.4	43.1	25.1
支持各类科技创新成果有效转化	1.2	5.7	34.8	39.7	18.6

表8-49　研究生关于学校对创新人才培养氛围的评价

单位：%

学生认为学校对以下方面的重视程度	完全不重视	有点重视	一般	重视	非常重视
科研工作具有创新性	1.6	5.6	26.0	45.6	21.3
科研氛围平等、民主、开放、自由	1.7	5.5	28.0	44.2	20.6
跨学科合作、多学科交叉的科研工作	1.4	7.3	33.9	40.5	17.0
科研创新成果有效转化	1.5	7.4	35.8	38.8	16.5
与企业、研究所等其他机构协同合作	1.6	6.8	34.3	41.3	16.0
为研究生创新创业提供支持与帮助	2.1	8.2	34.8	38.3	16.6
对学术道德和学术规范的严格遵守	0.7	2.6	17.7	41.0	38.0
支持各类科技创新成果有效转化	1.1	5.1	32.8	41.9	19.0

2.学校开展科技创新的基础条件

表8-50　本科生对学校科技创新条件的评价

单位：%

学生对学校创新条件的评价	从未	偶尔	有时	较常	经常
通过图书馆系统能够找到所需要的文献资源	2.6	9.0	23.5	36.4	28.5
实验室开放时间和实验设备能够满足你的科研需求	5.9	13.2	27.5	32.8	20.6
电子信息设备及网络条件能够满足你的学习需求	2.4	9.1	24.0	38.0	26.5
教师能为本科生科研创新项目提供充分指导和咨询	2.2	8.3	26.2	37.4	25.9
本科生开展科技创新活动能够得到一定的经费支持	4.6	12.8	28.3	33.0	21.3
学校或教师能够为学生提供与企业合作交流的机会	3.9	13.4	31.8	31.7	19.2

表8-51　研究生对学校科技创新条件的评价

单位：%

学生对学校创新条件的评价	从未	偶尔	有时	较常	经常
通过图书馆系统能够找到所需要的文献资源	1.2	6.1	15.7	34.5	42.5
实验室开放时间和实验设备能够满足你的科研需求	3.6	8.1	19.5	35.3	33.4
导师能为研究生学术成长给予充分指导和支持	0.9	5.2	15.2	34.8	43.8

续表

学生对学校创新条件的评价	从未	偶尔	有时	较常	经常
电子信息设备及网络条件能够满足你的学习需求	0.8	5.1	15.8	38.2	40.1
做科研项目有较为充足的经费保障	4.3	10.1	21.4	32.7	31.5
学校或教师为研究生提供与企业合作交流的机会	8.4	15.9	27.0	27.2	21.5

表8-52　阻止学生参加科研创新项目的原因（按影响大小排序）

单位：%

阻止学生参加科研创新项目的原因	本科生				研究生			
	第一	第二	第三	合计	第一	第二	第三	合计
（1）缺乏经费支持	29.1	7.7	12.0	48.8	24.6	7.6	11.5	43.8
（2）科研创新的项目或活动较少	11.5	21.1	8.1	40.6	16.1	22.6	9.3	48.1
（3）缺乏信息来源	18.1	19.7	18.2	56.0	16.2	19.6	15.9	51.7
（4）缺乏教师的指导和支持	6.2	13.7	11.0	31.0	5.9	10.2	9.1	25.2
（5）不感兴趣	11.0	9.1	7.3	27.3	8.0	7.2	6.3	21.6
（6）时间不足	11.3	15.3	14.6	41.3	12.6	15.7	13.7	42.0
（7）科研创新项目资源有限	7.2	9.3	15.8	32.3	10.0	11.9	18.4	40.3
（8）个人发展不需要	3.1	3.7	6.2	13.0	3.6	4.6	7.5	15.7
（9）无	2.4	0.4	6.8	9.6	3.0	0.5	8.3	11.8

附录1　普通高校创新调查对象

1. 参加“普通高校创新信息采集”的学校基本情况

截至2018年5月1日，共有2194所高校参加了“普通高校创新信息采集”工作。

表1　参与调查高校的类型分布

高校类型	填报学校数量（所）	学校总数量（所）	填报比例（%）
综合大学	533	619	86.1
理工院校	753	923	81.6
农业院校	73	81	90.1
林业院校	18	19	94.7
医药院校	176	195	90.3
师范院校	203	225	90.2
语文院校	43	55	78.2
财经院校	222	262	84.7
政法院校	54	73	74.0
体育院校	25	34	73.5
艺术院校	79	92	85.9
民族院校	15	18	83.3

表2　参与调查高校的规格分布

高校规格	填报学校数量（所）	学校总数量（所）	填报比例（%）
本科	1096	1237	88.6
其中：独立学院	199	266	74.8
专科	1098	1359	80.8

表3　参与调查高校的隶属分布

高校隶属	填报学校数量（所）	学校总数量（所）	填报比例（%）
中央部门	100	118	84.7
教育部门	68	76	89.5
其他部门	32	42	76.2
地方	1530	1737	88.1
教育部门	1002	1099	91.2
其他部门	490	591	82.9
地方企业	38	47	80.9
民办	564	741	76.1

表4　参与调查高校进入“双一流”建设项目的分布

高校分类	填报学校数量（所）	学校总数量（所）	填报比例（%）
“世界一流大学”建设高校	36	42	85.7
“世界一流学科”建设高校	60	98	61.2
其他高校	2098	2456	85.4

表5　参与调查高校的地区分布

地区	填报学校数量（所）	学校总数量（所）	填报比例（%）
北　京	69	92	75.0
天　津	56	57	98.2
河　北	116	121	95.9
山　西	66	80	82.5
内蒙古	45	53	84.9
辽　宁	81	115	70.4
吉　林	50	62	80.6
黑龙江	69	81	85.2
上　海	61	64	95.3
江　苏	138	167	82.6
浙　江	100	107	93.5

续表

地区	填报学校数量（所）	学校总数量（所）	填报比例（%）
安　徽	110	119	92.4
福　建	81	89	91.0
江　西	70	100	70.0
山　东	120	145	82.8
河　南	109	134	81.3
湖　北	84	129	65.1
湖　南	83	124	66.9
广　东	149	151	98.7
广　西	70	74	94.6
海　南	17	19	89.5
重　庆	61	65	93.8
四　川	95	109	87.2
贵　州	40	70	57.1
云　南	60	77	77.9
西　藏	6	7	85.7
陕　西	85	93	91.4
甘　肃	40	49	81.6
青　海	12	12	100.0
宁　夏	18	19	94.7
新　疆	33	47	70.2
总　计	2194	2631	83.4

2. 普通高校教师创新情况调查的样本分布

截至2018年9月，全国共有14 315位同时担任教学和科研工作的普通高校教师参与了此次调查。

表6　按高校类别分教师样本分布情况

高校类别	有效样本量（人）	有效百分比（%）
理工院校	5393	37.67
农林院校	1337	9.34
医药院校	1462	10.21
综合大学	3136	21.91
其他高校	2987	20.87
总计	14 315	100.00

表7　按高校隶属分教师样本分布情况

高校隶属	有效样本量（人）	有效百分比（%）
中央	1657	11.58
中央教育部门	1174	8.20
中央其他部门	483	3.37
地方	12 512	87.40
地方教育部门	12 121	84.67
地方其他部门	391	2.73
民办	146	1.02
总计	14 315	100.00

表8　按“双一流”建设项目分教师样本分布情况

高校分类	有效样本量（人）	有效百分比（%）
“双一流”建设高校	3829	26.75
其他高校	10 486	73.25
总计	14 315	100.00

3. 普通高校学生创新情况调查的样本分布

截至2018年9月，全国共有22 201位本科生和17 556位研究生参与了此次调查。

（1）本科生调查

表9　不同类型高校本科生样本分布情况

高校类型	有效样本量（人）	有效百分比（%）
理工院校	7953	35.82
农林院校	1443	6.50
医药院校	1937	8.72
综合大学	5853	26.36
其他高校	5015	22.59
总计	22 201	100.00

表10　不同隶属高校本科生样本分布情况

高校隶属	有效样本量（人）	有效百分比（%）
中央	2115	9.53
教育部门	1707	7.69
其他部门	408	1.84
地方	19 570	88.15
教育部门	17 941	80.81
其他部门	1629	7.34
民办	516	2.32
总计	22 201	100.00

表11　按“双一流”建设项目分高校本科生样本分布情况

高校分类	有效样本量（人）	有效百分比（%）
“双一流”建设高校	5199	23.42
其他高校	17 002	76.58
总计	22 201	100.00

（2）研究生调查

表12　不同类型高校研究生样本分布情况

高校类型	有效样本量（人）	有效百分比（%）
理工院校	6588	37.53
农林院校	1790	10.20

续表

高校类型	有效样本量（人）	有效百分比（%）
医药院校	1766	10.06
综合大学	4652	26.50
其他高校	2760	15.72
总计	17 556	100.00

表13　不同隶属高校研究生样本分布情况

高校隶属	有效样本量（人）	有效百分比（%）
中央	3003	17.12
教育部门	2664	15.18
其他部门	339	1.93
地方	14 543	82.88
教育部门	14 536	82.85
其他部门	7	0.04
总计	17 546*	100.00

*：在研究生样本中，另有10人来自民办高校，在按院校隶属关系的分析中未纳入总计。

表14　按“双一流”建设项目分高校研究生样本分布情况

高校分类	有效样本量（人）	有效百分比（%）
“双一流”建设高校	5976	34.04
其他高校	11 580	65.96
总计	17 556	100.00

附录2　指标解释

● R&D

指为增加知识存量（也包括有关人类、文化和社会的知识）及设计已有知识的新应用而进行的创造性、系统性工作，包括基础研究、应用研究和试验发展3种类型。R&D活动应当满足5个条件：新颖性、创造性、不确定性、系统性、可转移性（可复制性）。

● R&D人员

指报告期R&D活动单位中从事基础研究、应用研究和试验发展活动的人员，包括①直接参加上述3类R&D活动的人员；②与上述3类R&D活动相关的管理人员和直接服务人员，即直接为R&D活动提供资料文献、材料供应、设备维护等服务的人员。不包括为R&D活动提供间接服务的人员，如餐饮服务、安保人员等。

● R&D人员全时当量

指R&D全时人员（报告期从事R&D活动的实际工作时间占制度工作时间90%及以上的人员）工作量与非全时人员［报告期从事R&D活动的实际工作时间占制度工作时间10%（含）～90%（不含）的人员］按实际工作时间折算的工作量之和，是国际上通用的用于比较科技人力投入的指标。例如，有2个R&D全时人员（工作时间分别为0.9年和1年）和3个R&D非全时人员（工作时间分别为0.2年、0.3年和0.7年），则R&D人员全时当量＝1+1+0.2+0.3+0.7=3.2（人年）。

● 基础研究

指不预设任何特定应用或使用目的的实验性或理论性工作，其主要目的是获得

（已发生）现象和可观察事实的基本原理、规律和新知识。基础研究的研究成果通常表现为提出一般原理、理论或规律，并以论文、著作、研究报告等形式为主。

● 应用研究

指为获取新知识，达到某一特定的实际目的或目标而开展的初始性研究，其主要目的是确定基础研究成果的可能用途，或确定实现特定和预定目标的新方法。应用研究的研究成果以论文、著作、研究报告、原理性模型或发明专利等形式为主。

● 试验发展

指利用从基础研究、应用研究和实际经验中获取的知识和研究过程中产生的其他知识，开发新的产品、工艺或改进现有产品、工艺而进行的系统性研究。试验发展的研究成果以专利、专有技术，以及具有新颖性的产品原型、原始样机及装置等形式为主。

● 研究人员

指从事新知识、新产品、新工艺、新方法、新系统的构想或创造的专业人员，以及R&D项目（课题）主要负责人员和R&D机构的高级管理人员。研究人员一般应具备中级及以上职称或博士学历。

● R&D经费内部支出

指报告期调查单位内部为实施R&D活动而实际发生的全部经费，包括用于R&D项目（课题）活动的直接支出，以及间接用于R&D活动的管理费、服务费，与R&D有关的基本建设支出和外协加工费等；不包括生产性活动支出、归还贷款支出，以及与外单位合作或委托外单位进行R&D活动而转拨给对方的经费支出。

● 政府资金

指R&D经费内部支出中来自各级政府财政的各类资金，包括财政科学技术支出和财政其他功能支出的资金用于R&D活动的实际支出。

企业资金

指R&D经费内部支出中来自企业的各类资金。对企业而言，企业资金是指企业自有资金、接受其他企业委托开展R&D活动而获得的资金，以及从金融机构贷款获得的开展R&D活动的资金；对科研院所、高校等事业单位而言，企业资金是指因接受从企业委托开展R&D活动而获得的各类资金。

R&D项目（课题）

指调查单位在当年立项并开展研究工作、以前年份立项仍继续进行研究的研发项目或课题，包括当年完成和年内研究工作已告失败的研发项目或课题。

专利

指发明创造经审查合格后，由国务院专利行政部门依据《专利法》授予申请人对该项发明创造享有的专有权，是专利权的简称。发明创造是指发明、实用新型和外观设计。

发明专利

指对产品、方法或者其改进所提出的新的技术方案。

有效发明专利数

指调查单位作为专利权人在报告年度拥有的、经国内外知识产权行政部门授权且在有效期内的发明专利件数。

专利所有权转让及许可数

指报告年度调查单位向外单位转让专利所有权或允许专利技术由被许可单位使用的件数。

专利所有权转让与许可收入

指报告年度调查单位向外单位转让专利所有权或允许专利技术由被许可单位使用而得到的收入，包括当年从被转让方或被许可方得到的一次性付款和分期付款收入，以及利润分成、股息收入等。

● 高校作为卖方的成交合同数

指在全国技术市场成交合同中高校作为卖方签订的技术合同数量。

● 高校作为卖方的成交合同金额

指在全国技术市场成交合同中高校作为卖方签订的技术合同金额数。

● 学校与企业联合建立研究机构

指学校和企业联合建立实验室、研究中心等研究机构。

● 外聘教师

指在学校备案的学校聘请的外部教师，不包括院聘、系聘教师。

● 学校与企业共同承担科研项目

指学校与企业共同申请的纵向项目。纵向科技项目是指上级科技主管部门或机构批准立项的各类计划(规划)、基金项目。

● 与企业合作开展科研项目

指学校与企业共同申请的纵向项目和企业委托学校开展的横向项目。横向科技项目指企事业单位、兄弟单位委托的各类科技开发、科技服务、科学研究等方面的项目，以及政府部门非常规申报渠道下达的项目。

● 知识产权投资

指知识产权人依法将专利权、商标权或著作权等知识产权资产评估作价，作为对企业的非货币、非实物出资，以获得所对应的企业股权的行为。知识产权投资属于非货币、非实物出资，因此，必须比照实物投资，依法将知识产权资产评估作价后出资。知识产权投资一般有转让投资、合作投资、许可投资、合资投资等方式。

附录3　数据来源

1. 教育部发展规划司，《中国教育统计年鉴》（2009—2018年）。

2. 国家统计局、科技部，《中国科技统计年鉴》（2009—2018年）。

3. 教育部科学技术司，《高等学校科技统计资料汇编》（2009—2018年）。

4. 国家统计局，《中国统计年鉴》（2009—2018年）。

5. OECD，Main Science and Technology Indicators。

6. SciVal科研评价和分析平台，其底层数据为Scopus数据库。

7. 2017年度普通高校创新调查，包括2017年度普通高校创新信息采集报表、2017年度普通本科高校教师创新情况调查及2017年度普通本科高校学生创新情况调查。